POKER FACE

POKER FACE

MAUREEN CALLAHAN

Traducción de Paula Vicens

EDICIONES B
GRUPO ZETA

Barcelona • Bogotá • Buenos Aires • Caracas • Madrid • México D.F. • Montevideo • Quito • Santiago de Chile

Título original: *Poker Face. The rise and rise of Lady Gaga*
Traducción: Paula Vicens
1.ª edición: marzo 2011
1.ª reimpresión: marzo 2011

© 2010 by Maureen Callahan
© Ediciones B, S. A., 2011
   Consell de Cent, 425-427 - 08009 Barcelona (España)
   www.edicionesb.com
Publicado originalmente por Hyperion en USA y Canadá

Printed in Spain
ISBN: 978-84-666-4686-4
Depósito legal: B. 11.845-2010

Impreso por LIBERDÚPLEX, S.L.U.
Ctra. BV 2249 Km 7,4 Polígono Torrentfondo
08791 - Sant Llorenç d'Hortons (Barcelona)

Para Billy

Agradecimientos

Mi más profundo agradecimiento para Elisabeth Dyssegaard, dado que he sido lo suficientemente afortunada para que sea mi editora, así como para Theresa Karle, Nina R. Shield y todos los de Hyperion; para David Kuhn, Jessi Cimafonte y Billy Kingsland, de Proyectos Kuhn; a Col Allan y el *New York Post* por su apoyo; a las editoras Margi Conklin y Serena French; a la crítica Elisabeth Vincentelli y, sobre todo, a Steve Lynch, por su generosidad y su perspicacia.

Este libro no hubiera sido posible sin William van Meter, Steve Knopper, Hal Horowitz, Alisa Wolfson, Laura Schy, Chris Barth y Erica Futterman. Tampoco lo hubiera sido sin el cariño, los consejos y el apoyo de William F. y Mary Callahan, Billy Callahan, Marc Spitz, Lizzy Goodman, James Iha, Lara Behnert, Tracey Pepper, Sarah Mullins, la señora Eileen Kennedy del Colegio del Sagrado Corazón, y el difunto Paul Good.

Dejad de decirme gilipolleces. De-
cidme la verdad.

LADY GAGA, 2009

Detesto la verdad. La detesto tanto que prefiero una dosis masiva dia-
ria de gilipolleces que la verdad.

LADY GAGA, 2010

Prólogo

Todo está saliendo mal. Se suponía que iba a ser la gran noche, la inauguración de su primera gira como artista principal, y el atrezo, los trajes y todas las piezas del escenario, que cuesta un millón y medio de dólares, han quedado rezagados en una población situada a cincuenta y seis kilómetros de distancia. Este recinto, el Manchester Evening News Arena de Inglaterra, con capacidad para 21.000 espectadores, el más grande del Reino Unido, es el local de actuaciones más concurrido del mundo.

Ya se han vendido todas las entradas para su concierto y, aunque detesta la idea de cancelarlo, está tan consternada por el caos y la falta de preparación que se pregunta si no debería hacerlo.

El suyo no es un simple espectáculo de música pop, sino una complicada ópera rock en cinco actos, con veinte cambios de vestuario, fuegos artificiales y un ascensor hidráulico que la elevará más de sesenta metros por encima de la multitud.

Una de las piezas que faltan es la enorme fuente de piedra de la que supuestamente mana sangre, coronada por un ángel y con magníficas imágenes antiguas como telón de fondo, como el metraje en blanco y negro que parece sacado de *Viaje a la Luna*, la película que Georges Méliès rodó en 1902.

Lady Gaga, desconocida hace dieciocho meses y, ahora, a los veinticuatro años, la estrella más grande del mundo, decide que no, que cancelar no es una opción: el coste sería demasiado elevado. Puede que sea una artista exigente, pero también es una astuta mujer de negocios. Insiste en ensayar hasta que las puertas estén a punto de abrirse.

Así que aquí están los fans de Gaga, dentro de un rango de edades que va de los cuatro a los veinticinco años, haciendo cola frente al M.E.N Arena a las seis en punto, en esta lluviosa y fría noche de invierno, tres horas antes del espectáculo, moviéndose y rodeando el edificio educadamente pero con impaciencia. Casi todas las chicas, que superan a los chicos en una proporción de tres a uno, van vestidas como su ídolo, y son tantas y tan entregadas están que no se veía algo así desde que las niñas se ponían pulseras de caucho y turbantes de redecilla en honor a Madonna, allá por 1984. Se tambalean inseguras sobre tacones de doce centímetros, ataviadas con colores fluorescentes Day-Glo, y en lugar de pantalones llevan tops y mallas; se han puesto peluca rubia, gafas de sol, y van tan cargadas de maquillaje como reinonas.

También hay algunos cincuentones en su primera cita; profesores y otros intelectuales; gais de entre veinte y cuarenta años, muchos de ellos maquillados al estilo Gaga, y preadolescentes de ambos sexos con sus padres, muchos con camisetas de Gaga. Aquí y allá, a la entrada del Arena, desconcertados hombres de mediana edad con puestos improvisados pregonan sin autorización su mercancía: si lo que ofrecen es peludo, o tiene luces que parpadean o, mejor todavía, si es peludo y tiene luces que parpadean, está vendido. No tienen ni la más remota idea de lo que pasa —se les nota en la cara— porque, a pesar de la crisis, las entradas más baratas para este concierto valen 150 dólares.

Aunque una actuación de Lady Gaga de 2009-2010 se nutre de centenares de vetas del arte pop posmoderno, y a pesar de ser un producto derivado —como ella misma—, no deja de ser completamente original. Gaga es lo suficientemente inteligente para saber que el limitado número de canciones de su todavía breve repertorio no alcanza para completar una actuación de dos horas, pero el espectáculo que ha creado sí que la llena. Para Gaga y sus fans, *The Monster Ball* [«El baile del monstruo»], como ella lo llama, es, además de un espectáculo, lo mismo que aquello en lo que se ha convertido su vida: arte interactivo de primera categoría.

Así que la explosión de color y sexo y extravagancia, y quizá de anticuada pirotecnia, que el espectáculo de Gaga promete es un gran reto en Manchester, como lo será dentro de dos noches en Dublín.

Manchester es una ciudad con un cielo permanentemente gris en el que desaparecen los edificios de seis pisos de granito color pizarra. No hay mucho aparte de fútbol: la ciudad es la sede de dos equipos de primera categoría de la liga, el Manchester United y el Manchester City. Su solitario hotel, donde se alojan los futbolistas de los equipos visitantes, es un Marriot de cuatro plantas de ladrillo rojo situado en el extremo de una calle sin salida. Cerca está la productora de televisión Granada, una loncha del tamaño de una American Costco.*

Dicho lo cual, Manchester es conocida por ser la cuna de algunos de los mejores grupos musicales del mundo: Joy Division, Buzzcocks, los Smiths, los Stone Roses, Oasis. Es notable que la arrogancia y el solipsismo, en igual medida, provengan de este lugar tremendamente apacible. Como los Boston Red Sox o Canadá, Manchester es eternamente la que queda en segundo lugar, superada en tamaño y estatus por Londres, aunque, en cierto modo patéticamente, sigue sin rendirse. Morrissey, el cantante de los Smiths, la ha descrito muy bien en la canción *Everyday Is Like Sunday* [«Todos los días parecen domingo»]: *«This is de coastal town / That they forgot to close down / Armageddon come Armageddon / Come Armageddon come.»* [«Es la ciudad costera / que olvidaron cerrar. /

_____

* Una tarjeta de crédito American Express Costco. *(N. de la T.)*

Armagedón llega, Armagedón. / Llega Armagedón, llega.»]

Los fans de Gaga merodean alegremente alrededor de los puestos de cerveza del interior, disponiéndose a ver a los Semi Precious Weapons, los teloneros, y esperando a que la cantante salga al escenario. Tal vez su carrera esté en pañales todavía, pero tiene fans tan leales que le disculparán, como hacemos todos cuando acabamos de enamorarnos, todos los fallos, ya sean grandes o pequeños.

«Mi peor pesadilla es que todo esto sea sólo imagen», dice un universitario de veinte años llamado Gavin Dell, que ha venido con su mejor amiga, Carrie, y que se ha dibujado un fantástico relámpago sobre el ojo derecho con purpurina azul y dorada. Según él, Lady Gaga parece tan sincera que precisamente por lo sincera que parece teme que no lo sea. Es una cuestión generacional: la ironía de vivir en una época post-post-irónica.

«Me daría una rabia tremenda que esto fuera sólo fachada —dice—. No os preocupéis por mí; llevo una vida muy ajetreada. Pero si sólo es cosa de la prensa... eso de que tiene miedo de los chicos, del sexo...» Está un poquito avergonzado, de un modo encantador, por la devoción que le tiene y que eso tampoco le ayuda.

«Parece tan auténtica —prosigue—. Ruego a Dios que sea cierto. Sí, tiene estilistas, pero da la sensación de que lo ha hecho ella. Mi impresión es que lo ha hecho ella. A lo mejor me equivoco; pero, si lo hago, me la habrá colado bien.»

Así que: ¿quién es Lady Gaga y cómo ha llegado a ser de esta manera? Ésta es la pregunta que le han hecho una y otra vez, desde Ellen a Oprah pasando por Barbara Walters, y siempre da la misma respuesta: era y es una tía rara, una inadaptada, un alma perdida en busca de sus compañeros de viaje.

Esta postura acerca de sí misma explica por qué esta mujer —que se educó en un entorno de comodidades y privilegios en el Upper West Side de Nueva York, cuyos ídolos musicales son Billy Joel, los New Kids on the Block* y Britney Spears, que hasta hace dos años consideraba que American Apparel** era la vanguardia de la moda—, siendo como es todavía tan joven, resulta tan fascinante. Porque presenciando cómo da el pistoletazo de salida a su gira europea en Manchester uno busca infructuosamente la fisura entre la chica que quería ser la próxima Fiona Apple,***

* Uno de los grupos estadounidenses en cuyo estilo se inspiraron los Backstreet Boys. *(N. de la T.)*

** Empresa estadounidense del sector de la moda, con sede central en Los Ángeles pero de ámbito internacional, conocida por sus anuncios provocativos y sus políticas liberales en temas laborales. *(N. de la T.)*

*** Cantautora estadounidense. Utiliza instrumentos antiguos en sus temas, en los que predomina el sonido acústico. *(N. de la T.)*

una seria y sensible cantautora, y la gloriosa y alocada intérprete *freak* que está sobre el escenario.

Cuando el público está harto de esperar, empieza a hacer la ola. Y en esta primera noche en Manchester, largamente pasadas las nueve y media, Michael Jackson interpreta una y otra vez, en un bucle, *Thriller*. El mensaje es cualquier cosa menos sutil: Ésta es la chica que dijo que quería ser tan grande como Michael, una chica que, como él, se identifica con el *freak show*, cuyas propias actuaciones son, como eran las suyas, morbosas de un modo infantil, sexualmente provocativas pero nunca sensuales, espectáculos cargados de boato pero reforzados por la innovadora música pop que interpreta con una voz sin duda fenomenal y auténtica.

Una tela blanca se hincha en la parte frontal del escenario y, justo cuando la multitud está a punto de tocarla, las luces se apagan y el público estalla (en todos los grandes conciertos de rock hacen esto: tantean hasta dónde pueden tirar de la cuerda antes de que el público se harte). Se proyecta una rejilla azul sobre la tela y una mancha brumosa aparece por la izquierda y se acerca a la gente, flotando y retorciéndose y adquiriendo la forma de Gaga. Un reloj situado a la derecha de la pantalla va descontando rápidamente los segundos que faltan para que dé comienzo el espectáculo; llega a 00:00:00:00, la tela cae, y allí está ella, en la cima de una escalera, a la izquierda, flanqueada a un lado por un falso anuncio de escaparate de neón que reza «Licor», «Dientes de oro» y su propia y paradójica marca, *Sexy Ugly* [«La fea atractiva»], y al otro por un andamiaje industrial con las palabras: «QUÉ COÑO HABÉIS HECHO» formadas por grandes bombillas blancas. Empieza con *Dance in the Dark*, pero el primer minuto del tema es inaudible porque lo ahoga el estruendo de la multitud.

Algunas de las personas y de las obras a las que Gaga aludirá esta noche de manera abierta o encubierta, y también en Dublín, son: *El mago de Oz*; el último desfile de moda del diseñador Alexander McQueen, en el que apareció Kate Moss en forma de fantasmagórico holograma en 3D flotante; una famosa fotografía en la que McQueen —con la cara pintada de blanco con rayas rojas que parten de los ojos, la boca amordazada con cinta negra— lleva un modelo a rayas blancas; el musical de Broadway *Rent*; Elton John y Billy Joel; la clásica parodia cinematográfica sobre el rock'n'roll de Reiner *This is Spinal Tap*; las sátiras sobre el mundo de la moda *Brüno y Zoolander*; el Cirque du Soleil; las películas japonesas de terror de los años cincuenta; artistas como Tracey Emin y Damien Hirst; el provocador Klaus Nomi del Bajo Manhattan y su análogo londinense Leigh Bowery, así como Fischerspooner, el grupo pionero del *electroclash* de Nueva York; David Bowie y Freddie Mercury; Tina Turner en *Mad Max, más allá de la cúpula del trueno*; el poema de Sylvia Plath *Death & Co.* [«Muerte y compañía»]; Marilyn Manson; la película de culto de Walter Hill de 1979 *The Warriors*

[«Los guerreros»]; Grace Jones; Dale Bozzio del grupo de la nueva ola de los ochenta Missing Persons; el fenómeno irlandés de la música dance Róisín Murphy; la escena *rave* de mediados y finales de los noventa y tanto la cultura como la subcultura gay de las pasadas tres décadas; Sally Field en la serie *The Flying Nun* [«La novicia voladora»]; Fay Wray en *King Kong*; la estética en blanco y negro del gran fotógrafo del mundo del rock Anton Corbijn; *El cielo sobre Berlín* de Wim Wenders, y, por supuesto, Madonna.

La deuda con Madonna es indudablemente la mayor que tiene Gaga. No sólo porque ambas comparten unos orígenes similares —de buena chica italiana católica renegada que se abre camino en el mundo del espectáculo y el arte de Nueva York con poco dinero, poseída por la monomaníaca obsesión de convertirse en la estrella más importante del mundo—, sino porque se parecen mucho tanto en lo concerniente a su personalidad como al desarrollo de su carrera.

Como Madonna, Gaga hace suyos elementos de la cultura gay y contribuye al mismo tiempo a ella con su música provocativamente sexual, sus vídeos y actuaciones, su pública falta de seriedad con su propia orientación sexual y su temprana dedicación a causas controvertidas como el activismo en el ámbito del VIH. En sus espectáculos en directo hay un coro de bailarines masculinos descamisados, todos ellos con el pecho afeitado y una entrepierna descomunal, a los que ella llama «mis chicos gais». Dice que ha mantenido relaciones sexuales tanto con hombres como con mujeres, aunque también asegura querer encontrar un buen hombre con el que casarse y tener hijos. Es una defensora de los derechos de los homosexuales y, con Cyndi Lauper, participa en la campaña de prevención contra el VIH de la marca de cosméticos MAC en pro del sexo seguro.

También como Madonna, está constantemente metamorfoseándose: trata su personalidad como un objeto maleable, asegura que cada encarnación constituye su verdadero yo, y ahora habla, como Madonna hacía de un modo tan exasperante, entrecortadamente y con un deje vagamente británico.

Pero estas noches, tanto la de Manchester como la de la conservadora Dublín, en unos escenarios convertidos en los más grandes, sudorosos y consolidados *dance parties* lascivos del planeta, que darán pie a críticas muy favorables en los periódicos de mañana, Gaga alude a Madonna explícitamente. (El hecho de que Gaga copie y se apropie de muchos de sus precursores en la cultura pop es, de por sí, una meta-referencia a Madonna.) La Madonna representada esta noche, sin embargo, es la encarnación de la «ambición rubia» de 1990, cuando lucía los sujetadores cónicos de Jean-Paul Gaultier, cejas espesas, carmín y el pelo oxigenado. Pero no es Gaga quien se viste como ella: es una de las chicas del coro.

En otras palabras: Madonna es su corista.

1

La creación del mito

El primer hecho de la incipiente carrera de Lady Gaga: no hace demasiado que no se sabía de su vida personal apenas nada. No existía ninguna conexión entre su vida de hace tres años y su vida actual de estimadísimo icono mundial del pop con infinidad de admiradores. Y es algo deliberado; ella no se ocupa de las nimiedades.

Los pequeños detalles que a Gaga se le escapan —que fue camarera, compositora por encargo, bailarina de revista, adicta a la coca, una salvaje habitante del Lower East Side— no son del todo falsos, pero están cuidadosamente escogidos porque son los que reafirman su nueva personalidad, una que se ha tragado por completo a la chica antes conocida como Stefani Joanne Angelina Germanotta, la chica que hoy responde únicamente al nombre de Lady Gaga.

«Creo que tiene lo mismo que tiene Prince —declaró su antiguo productor, Rob Fusari, al *New York Post*—. Ha cambiado. Ahora es Gaga.»

«Cuando dice en las entrevistas "vivo y respiro moda"... puede que engañe a los demás, pero a mí no me engaña —dice Jon Sheldrick, un chico de cara redonda de veinticuatro años que la conoció en la Universidad de Nueva York y cuyos amigos eran miembros de la Stefani Germanotta Band—. No quisiera parecer despreciativo —prosigue—, pero era muy normal.» (Porque ésa es verdaderamente una de las cosas más significativas que un estudiante de arte puede decir de otro.) Sheldrick, debo decirlo, va vestido con vaqueros y camiseta.

«No era tremendamente abierta ni iba vestida muy atrevida —dice—. Se ponía camisetas y pantalones de chándal. No era una inadaptada.»

«Era un chica muy amistosa, suburbana y sociable —dijo una antigua compañera de habitación, amiga de los chicos de la por entonces *jam band* de Stefani—. Nada en ella dejaba adivinar este extremismo *new art* a lo Warhol suyo.»

«Su modo "alocado" de vestirse era llevar los vaqueros con tirantes», recordaba otra amiga en la misma crónica del *Post*.

El arte y el control de la creación del propio mito no es precisamente nueva —es una forma artística estadounidense, desde P. T. Barnum hasta Henry Ford, de los Kennedy a Bob Dylan—. Lo remarcable de Lady Gaga es que es la primera estrella nacida en y de la era de Internet que domina este difícil arte.

También es la primera estrella del pop que entiende verdaderamente, incluso en fechas recientes, cómo explotar, en el mejor de los sentidos, el alcance de la Red y de los medios sociales. En noviembre de 2009, la revista *Forbes* aseguraba que «Lady Gaga no es la nueva Madonna de la industria musical. Es un nuevo modelo de negocio».

Gaga (o casi con toda seguridad un miembro de su equipo) está en constante comunicación con sus fans a través de Facebook y Twitter, y cuando dice algo, la respuesta puede ser un terremoto. Cuando anunció la presentación de su sencillo *Bad Romace* en la colección de primavera-verano 2010 de Alexander MacQueen, el sitio web que emitía el desfile de MacQueen se colapsó casi inmediatamente. Cerca de cuatro millones de personas la siguen en Twitter. Presenta sus vídeos en YouTube; en marzo de 2010, se convirtió en la primera artista de la historia que recibía mil millones de *hits*, y, en febrero, su álbum *The Fame* se convirtió en disco de diamante tras venderse diez millones de copias en todo el mundo. En 2009, era la artista más descargada de la lista histórica de éxitos del Reino Unido, y fue, inexplicablemente, la segunda artista más descargada en iTunes, sólo por detrás de los Black Eyed Peas. No es exagerado decir que, en este aspecto, su par más cercano con vida tenía que ser otro fenómeno mundial igualmente poco conocido hace apenas unos años y cuyo sagaz uso de Internet y de las redes sociales le ayudó muchísimo a alcanzar la Casa Blanca.

Tal vez a Gaga la ayudó su padre, Joe, un fornido y duro italoamericano que ya era un emprendedor en el mundo de Internet a mediados de los ochenta, cuando pocos tenían ni idea de lo que se avecinaba. Hizo fortuna con una empresa llamada Guest-WiFi, que proporciona conexión inalámbrica a los hoteles. Al igual que a él, la han descrito como no demasiado buena estudiante pero con intuición para los negocios y el talento de calar a la gente. Supo desde muy temprana edad que quería ser artista; tal vez siempre tuvo en mente su futuro a largo plazo.

«Todavía soy amigo suyo en Facebook; sigue teniendo activo su primer perfil —dice Seth Kallen, un compañero músico de la Universidad de Nueva York—. Sólo tiene unos cuatrocientos amigos. Al principio la mitad de las fotos eran de Lady Gaga y la otra mitad fotos normales. Recuerdo que tuve una especie de revelación: "Espera un minuto, se está haciendo extraordinariamente famosa." Revisé su perfil en Facebook y las fotos normales habían desaparecido.»

Hay poco que encontrar de la joven Stefani Germanotta en la red. Hay un videoclip suyo de la MTV del ya desaparecido programa cómico *Boiling Points*, una especie de *Candid Camera* [programa de cámara oculta] en el que provocaban a personas desprevenidas en situaciones cotidianas hasta que perdían los estribos. En el episodio, Stefani está sentada sola en Bari, un exclusivo café cercano al campus de la Universidad de Nueva York. Lleva un vestido veraniego blanco de algodón y chanclas, la melena morena recogida en una cola de caballo alta, y va maquillada sólo con raya negra y brillo de labios. Tiene un aspecto bastante anodino.

Al igual que otros dos comensales que están solos, se levanta para responder a una llamada del móvil y, cuando vuelve, su comida ha desaparecido. Le pide a la camarera que le devuelva la ensalada —«¡Ni siquiera la había probado!»—. La camarera se la devuelve con una servilleta sucia y un plástico arrugado encima. Los otros dos involuntarios concursantes están igualmente desconcertados, pero... adivina quién pierde los estribos primero.

«¿Quién va a comerse esto? —le pregunta Stefani a la camarera—. ¿Tú te la comerías? Está llena de porquería. Tú te la comerás, claro, porque acabas de cagarla.»

Stefani perdió; por mantener la calma, los otros dos ganaron cien dólares.

En el anuario de su instituto, asegura haber salido en *Los Soprano*. Se pasó la adolescencia yendo a audiciones para cazadores de talentos y se presentó para *Rent* cuando todavía estaba en Broadway. Dice que su madre no paraba de decirle que se lo tomara con calma mientras no terminara el instituto. «Pero yo estaba cada vez más y más ansiosa», dice Gaga.

Estudiaba en el convento del Sagrado Corazón, en la calle 91 Este, un colegio católico de élite para chicas que ocupa dos mansiones reconvertidas. Han sido alumnas suyas Paris y Nicky Hilton, Gloria Vanderbilt y Caroline Kennedy. Los alumnos empiezan a aprender francés y español en preescolar; en octavo pueden estudiar mandarín. La matrícula del curso 2009-2010 era de 33.985 dólares y el objetivo primordial del centro, como se asegura en su página web, es «educar en la fe personal y activa en Dios».

De la época que pasó en el Sagrado Corazón, Gaga ha dicho que se sentía como un «monstruito», que no encajaba en el centro. Pero en las fotos de entonces se ve a una chica joven, siempre sonriente, rodeada de otras chicas siempre sonrientes. Todas ellas parecen formar parte de la misma tribu bien avenida de zona alta, con la melena cepillada, el maquillaje apropiado para la edad, vaqueros, camiseta y jersey de día, y vestidos sin tirantes y collar de perlas en los bailes del instituto.

«Stefani siempre participaba en las obras de teatro y los musicales de la escuela —dice una antigua compañera de clase del Sagrado Corazón—. Tenía un grupo de amigas que sigue teniendo. Era buena estudiante y llevaba uniforme. Le gustaban mucho los chicos, pero cantar y la pasión por el arte eran para ella lo primero. Se distinguía la voz de Stefani de las de las demás en misa o durante las ceremonias de entrega de premios. Siempre quiso ser actriz o cantante y tenía claro que sería una estrella.»

Los pocos clips antiguos de Stefani que hay en YouTube son actuaciones. Hay uno suyo que se ha hecho famoso de un espectáculo de talentos en la Universidad de Nueva York, en el que sale sentada al piano con un vestido verde sin tirantes y unas piezas blancas largas y vaporosas, descalza. Canta dos baladas de sus comienzos, estilo Norah Jones. Hay otro, todavía más antiguo, en el Bitter End, un sitio muy pasado de moda que evoca todo el peligro de un antro suburbano. En este caso se la ve siendo una adolescente todavía rellenita, con una camiseta estilo *Flashdance* que le deja un hombro y el ombligo al aire. Interpreta, con aire arrogante, sonrisa de suficiencia y la raya de ojos negra corrida, una antigua versión de *Hollywood*. Presenta a los músicos como «la banda de Stefani Germanotta», mira impaciente a su flaco guitarrista y luego empieza. Seguramente tienen todos ellos unos dieciséis años. «Escuchad —brama, llena de fuerza y de brío—. Tengo una ambición enfermiza.»

Y en otro videoclip, poco después de haber conseguido grabar por primera vez, corrige con cierta arrogancia a su anfitrión: «No he firmado con la Sony, he firmado con la Island Def Jam.» Sentada al piano, lleva una minifalda rosa y botas de gogó. También en este caso tiene un aspecto anodino. Lleva la melena negra suelta con un espeso flequillo, pero ya empieza a ser Lady Gaga. La canción, titulada *Wonderful*, es una balada. Su modo de cantar en ese momento recordaba bastante el de Christina Aguilera —había empezado a estudiar con el profesor de canto de Aguilera—, y esta canción, tanto temática como sonoramente, es muy parecida a la balada de piano del 2002 de Aguilera *Beautiful*. (*Wonderful* acabaría yendo al futuro concursante de *American Idol* Adam Lambert, también él un intérprete dado a la teatralidad y a maquillarse mucho los ojos.)

Estos videoclips son una prueba del innegable talento de Gaga. Demuestran que es la encarnación de la musicalidad, la habilidad vocal y el dominio del escenario. Quizá no los elimina porque no puede cargárselos legalmente, pero a lo mejor si permite que sigan ahí es para demostrar que ella no es el juguete de nadie. No es una criatura del Auto-Tune (el *software* con el que se manipula la voz para que suene a la perfección pero sin alma); no es una reina brillante que recurre al *playback*, sino una verdadera artista con voz y visión de futuro. También, en este último clip, asegura que posee una muñeca hinchable. «Hago el amor con ella todas las noches», dice. Así que contiene ciertas notas de lo provocadora que llegará a ser.

Para sus admiradores, sin embargo, no hay tanta diferencia entre la Stefani Germanotta de aspecto suburbano y la dominatriz dance-pop Lady Gaga, y quienes aseguran que la hay son inmediatamente objeto de mofa por su total ingenuidad. Y esto seguramente es algo también generacional; sus fans más jóvenes pertenecen a una época en que los *reality shows* televisivos y los temas adicionales en los DVD e Internet han dejado al descubierto la mayor parte de los entresijos de la consecución y el mantenimiento de la fama moderna. Ya no queda mucho misterio, pero Gaga, de momento, maneja hábilmente ambas facetas.

Una reciente celebridad que parece salida de la nada, que ha cautivado la atención de un abanico tan amplio de gente y acerca de la cual no se sabe casi nada. Cuesta creerlo. Sus antecedentes se han omitido intencionadamente. Se desconocen los detalles de su infancia, si sufrió algún trauma, con quién salía, quiénes eran sus amigos. No la han pillado dando traspiés a la salida de algún club nocturno en boga ni de ninguna fiesta abarrotada de otros jóvenes famosos. Ha podido asegurar sin que resulte dudoso que no pertenece a ese mundillo, que no tiene amigos famosos y que no le interesa otra cosa que su arte. Mantiene una postura que ninguno de sus pares mantiene: de página en blanco, de criatura autoinventada, objeto de proyección emocional y cumplimiento de un deseo. Prince lo logró, Bowie también, pero los dos lo hicieron en una época anterior a Internet, y ambos sin la calidez que Gaga ha sido capaz de transmitir; su misterio parecía producto de una frialdad esencial, del desafecto por la raza humana.

Era totalmente creíble que ambos pertenecieran a

una especie alienígena. La imagen de Gaga parece surgida del hecho de que se siente verdaderamente la inadaptada que asegura ser. Parece humana.

Así que no es sorprendente que los temas de una demo EP de 2009 titulada *Red and Blue* —que suena como un cruce entre Avril Lavigne y Alanis Morrissette— provocara un debate de ámbito mundial en los comentarios de YouTube.

Por ejemplo:

«¡¡¡Dios mío, esta canción es tan... virtuosa!!! ¡¡¿¿¿QUÉ LE HA PASADO A LADY GAGA???!! ...a lo mejor equivocó el camino en algún momento.»

«¿Por qué el camino que tomó es el "equivocado". Si hubiera seguido por éste, nunca se habría dado a conocer.»

«Si hiciera las mismas canciones con la personalidad de Stefani, ¿crees que hubiese sido récord de ventas? No.»

«Es verdad que son muy buenos, pero lo que hace ahora se escucha mucho más = más ventas para las discográficas.»

«La propia Gaga ha dicho que estaba aburrida de ser esa chica blanca enfadada y emotiva y que podía abandonar sus actuaciones. Así que cuando hacía eso se estaba traicionando porque en realidad no le gustaba. No estoy seguro de que esté contenta al cien por cien de lo que hace ahora, pero estoy seguro de que está contenta de ser diferente.»

Las explicaciones de la propia Gaga sobre la enorme brecha que separa el pasado del presente tienen que ver con esta polémica. «La gente cree que mi manera de actuar es exhibicionismo porque es muy teatral —dijo en una entrevista inédita—. Pero te diré que hay algo en mí que no puedo evitar, y es la chica de quien me he estado burlando todos estos años. Cuando iba a la universidad, me deshice de ella y empecé a ser lo que creía que tenía que ser. Cuando empecé a trabajar [mi productor] me dijo: "No sé por qué no la sacas a la luz." Todo lo que yo intentaba eliminar de mí misma a él le encantaba. Así que aquí estamos.»

La creación del mito empieza a desentrañarse.

Sus amigos y sus compañeros de clase en la Escuela de Arte Tisch de la Universidad de Nueva York, a la que Gaga asistió sólo un año, hablan sobre lo centrada que estaba, como un láser. No recuerdan quiénes eran sus amigos o a qué clases asistía o con qué chicos salía o a qué fiestas iba; recuerdan su manera de trabajar, de rendir, siempre apremiante. Sheldrick, su compañero de clase en la Universidad de Nueva York, recuerda su primer encuentro en el Alphabet Lounge, en otoño de 2005, después de su propia actuación. Le soltó de entrada: «Hola, soy Stefani. Intento formar un grupo. Necesitamos un guitarrista.»

Sheldrick era muy amigo de Calvin Pia y Eli Silverman, a quienes Stefani ya había reclutado. Al cabo de unos cuantos días iba a una prueba para el grupo de Stefani y se encontró en la dirección que le habían dado, caminando hacia unas rejas abiertas de la calle Ludlow del Lower East Side, bajando una escalera metálica y luego trotando por un largo y sucio pasillo lleno de tuberías hasta que llegó a unas habitaciones de la parte trasera. Recuerda haber pensado dos cosas: que aquel lugar subterráneo de ensayo era asqueroso y que musicalmente estaban probablemente en la misma onda. Él participaba en *jam bands*, al igual que Calvin y Eli. Stefani era versada en el tema, por no decir que muy competente.

«Cuando la mirabas, te parecía una chavala de *jam band* —dice Sheldrick—. Había en ella una fuerte vibración. Recuerdo que tocamos *Down with Disease*, de los Phish.* Hicimos una *jam session* con una progresión I-IV-V** y luego, después de tocar a los Phish unos veinte minutos, va y suelta: "¿Ahora podemos tocar algunos de mis temas?"»

Sheldrick arrojó la toalla. «No sigo siempre las tendencias, pero realmente no lo sentía. La habría definido como una Billy Joel femenina, como piano

---

* Banda de rock estadounidense famosa por sus largas improvisaciones musicales y largas *jam sessions. (N. de la T.)*

** Se refiere a grados armónicos, es decir, a los acordes construidos en una misma tonalidad con las notas de su escala diatónica, y que se designan mediante números romanos correlativos. *(N. de la T.)*

rock.» Sheldrick decidió no unirse al grupo, pero asistió a las primeras actuaciones de la Stefani Germanotta Band y luego, durante una temporada, de Stefani Live. «Siempre iba a sus actuaciones —dice—. Eran sus amigos y quería apoyarlos. Por mucho que deteste el Bitter End, iba de todas formas.»

Aquellas actuaciones eran directas y sin adornos. «Era todo muy normal, muy de cantautora —dice su amigo Kallen de la Universidad de Nueva York, que tocó con ella en varias ocasiones pero, lamentándolo mucho, dice que no se acuerda mucho de todo aquello—. No era más que la Stefani Germanotta Band, tenía que tocar el piano de pie. El grupo, para ser sincero..., no era tan sensacional. Siempre he pensado que Stefani tenía talento. Estoy seguro de que ella lo sabía: "Tengo que hacer algo único."»

Por la misma época, su padre le había pedido a Joe Vulpis, un productor que había trabajado con Lindsay Lohan, si haría la primera demo de su hija, que formaba parte de su prueba para entrar en la Escuela de Arte Tisch de la Universidad de Nueva York: su sueño desde la infancia. Los dos hombres eran amigos que se conocían porque pertenecían ambos a una organización italoamericana de Manhattan. «Es un club privado, como una especie de club de campo —dice Vulpis—. Giuliani es uno de sus miembros. Es de lo más exclusivo.»

Los padres no sólo alimentaron la ambición de su hija, sino que se involucraron tan activamente en su floreciente carrera que forman parte de la primera generación de «padres helicóptero». Este término se creó en 1990 para referirse a los padres muy protectores, demasiado comprometidos. Joe usó sus relaciones de negocios para conseguirle a su hija adolescente audiciones con ejecutivos de la industria de la música. Su madre, Cynthia, acompañaba a la joven Stefani a los clubes nocturnos y suplicaba que permitieran actuar a su hija cuando todavía no tenía edad para ello. Ambos la orientaron, llamaron a filas a la extensa familia para que asistiera a las actuaciones. Sabían que tenía posibilidades, que era muy talentosa, aunque el mito autogenerado de que había aprendido a tocar el piano a los cuatro años —de oído— es otra fabulación, como le contó ella misma a una de las primeras personas que la entrevistaron (y que quiere permanecer en el anonimato).

«Cuando tenía cuatro años, mi madre me puso una profesora de piano: venía a casa [y] yo lo detestaba —dijo Gaga—. No quería aprender solfeo ni practicar.» Recuerda que su madre «quería que fuera una joven culta. Me hacía estar sentada al piano dos horas. Así que podía quedarme allí sentada o tocar».

Gaga empezó a decir que había aprendido bastante de oído, porque así lo hubiese querido, y porque era una exhibicionista nata que exigía constante atención: «Podíamos estar cenando en un buen restaurante y yo bailando en la mesa y usando los palitos de pan como batuta», dijo.

«En las entrevistas de las niñeras, me quedaba entre el sofá y la mesa de centro y luego salía de golpe, desnuda. Y eso a los nueve años, cuando ya era demasiado mayor para hacer aquello.»

También le interesaba actuar y, cuando se hizo mayor, sus padres le permitieron intentarlo los fines de semana. Pero realmente lo suyo era la música.

«Escribí mi primera canción a los trece años —dice Gaga—. La titulé *To Love Again*. Lo que una niña de trece años sabe del amor da risa.» Tenía catorce cuando empezó a tocar en clubes nocturnos. (Su hermana Natali, seis años menor, también demostraba interés por la música. El antiguo productor de Gaga, Rob Fusari, recuerda haber cenado en el enorme piso de las Germanotta del Upper West Side y detectado la tensión entre las dos hermanas. «Puedo asegurar que había un pique —dice Fusari—. La hermana pequeña se sentaba al piano porque quería enseñarle a Stefani algunas de las cosas que tocaba, y la reacción de Stef era de "esto es lo mío, no invadas mi terreno".»

Vulpis, el amigo productor de Joe Germanotta, vio actuar a la Stefani Germanotta Band. Tenía sus reservas. «El grupo no me convencía demasiado. Pero ¿sabes?, eso era lo que... eso era lo que se nos ofrecía.» Además, le gustaba Joe y opinaba que Stefani tenía cierto talento. Él y Stefani trabajaron juntos cinco o seis meses.

«Ella quería de veras ser la chica mala del rock», según Vulpis. Hicieron «rock puro, rock de chica mala, baladas con una gran fuerza, estándares del jazz». Interpretaba canciones de amor como *Someone to Watch Over Me* o el tema de Nat King Cole *Orange Colored Sky*.

Cuando tocaba en directo con el grupo, Stefani tendía a hacer improvisaciones sobre un mismo tema. Solía interpretar una canción titulada *Purple Monkey* que iba, según ella, de «fumar hierba y alucinar». ¿Una rama de olivo para aquellos de sus seguidores a los que les gustan los Phish? Ninguno de sus compañeros del grupo la recuerda como una consumidora de drogas ni una bebedora empedernida: era demasiado ambiciosa para eso.

«Tenía un coro de blues —dice Gaga—, y yo aporreaba el piano y todo el mundo se volvía loco.» Había personal de la Columbia Records en aquella actuación, dice, viéndola. Estaban perplejos.

El problema, le dijeron, era que: «Tenemos la voz, pero no tenemos la música.» Ella añade: «No tenía ni idea de quién era yo. No tenía la clave.»

Vulpis recuerda otra cosa: «Stefani siempre supo lo que quería... quizá sopor completo, pero sabía si algo no le gustaba, para arreglarlo —dice—. Ella llevaba las riendas, sin duda alguna.»

Kallen recuerda que Calvin Pia fue a darle una interesante noticia. «Me dijo: "No ha dado la patada a todos los de la Stefani Germanotta Band porque quiere hacer esto otro. Es Lady Gaga."»

Wendy Starland conoció a Gaga, que entonces era Stefani, en 2006, cuando trabajaba en prácticas con el famoso productor Irwin Robinson en Famous Music Publishing, una empresa subsidiaria de Viacom, la empresa matriz de la MTV (en 2007, Sony / ATV Music Publishing adquirió la compañía y la situó en el Top 10 de la industria). Famous Music estaba en un edificio de oficinas de Broadway, no lejos del famoso Brill Building, sede de Phil Spector, Carole King, Burt Bacharach y muchos otros centros neurálgicos del pop estadounidense. Starland siempre estaba en la oficina; Stefani le preparaba el café a Robinson y le pasaba las llamadas.

Stefani, cuenta Wendy, la halagó profusamente, hablando de sus habilidades como compositora de canciones mientras ordenaba la prensa de Starland. «Había una canción mía titulada *Stolen Love* —recuerda Starland—. Y ella dijo: "La toco una vez y otra; significa mucho para mí." Y: "Me encanta tu música." Es muy inteligente. Conoce a la gente; sabe cómo manejarla. Es fantástica abriéndose camino.»

Starland está sentada en una mesa del exclusivo pero informal Coffee Shop de Union Square, donde lleva reunida con productores las últimas cinco horas. Es una chica pulcra de piel hermosa, sin maquillaje y con una melena larga morena ondeada. Parece una Minnie Driver más convencional. Viste de un modo muy conservador. Lleva un jersey con cuello de pico color crema estilo Talbots y pantalones rosa pálido. Cuando la miras, debes recordar que está en la industria de la música. Parece más una empleada de banca o una agente inmobiliaria. Se levanta tres veces durante las cinco horas para ir al baño y tranquilizarse; hablar de Gaga, incluso ahora, la desasosiega mucho. «Estoy muy nerviosa —dice—. [Pero] ésta es toda la verdad.»

Cuando conoció a Stefani en Famous Music, Starland —cuyo sonido romántico recuerda el de Natasha Bedingfield— trabajaba también como cazatalentos para Fusari, el productor de Nueva Jersey, que había producido números uno para Will Smith, Destiny's Child, Whitney Houston y Jessica Simpson. Fusari había hecho bastante dinero para bastante gente y estaba en una posición singular: si lograba descubrir a alguien, moldearlo, formarlo y venderlo a un sello discográfico, sacaría un provecho substancial de su descubrimiento.

Fusari había encargado a Starland que encontrara a una chica de veinticinco años, que, según dijo, «pueda ser la cantante de los Strokes»: la versión femenina del despeinado líder del grupo, Julian Casablancas. Stefani no era tal cosa. Pero cuando Starland compartió cartel con ella en junio de 2006 en otro local de actuaciones llamado Cutting Room, en la calle Veinticuatro del distrito Flatiron de Manhattan, supo que Stefani definitivamente tenía algo, y ése era el criterio primordial de Fusari.

«Me dijo: "Tiene que ser guapa a rabiar, ni siquiera

hace falta que sea la más talentosa del mundo —recuerda Starland—. El requisito necesario es que no puedas apartar los ojos de ella."»

Por su parte, Stefani se aseguró de que Starland viera su actuación: «Fui al local temprano, para la prueba de sonido —recuerda Starland—. Ella se me acercó y me dijo: "¿Te acuerdas de mí? Soy Stefani. Era interna de Irwin Robinson. Esta noche actuamos, podrías venir a echar un vistazo."»

Starland se acuerda de lo que iba pensando mientras miraba a Stefani al piano: «Hace falta pulir las canciones. El grupo no sirve. Suena demasiado como Fiona Apple. ¿Qué demonios se ha puesto? Parece a punto de empezar una clase de jazz en el gimnasio. Esta actuación es bonita. Esta chica tiene agallas.»

«Después de la actuación —dice Starland—, la agarré de la muñeca y le dije: "Estoy a punto de cambiar tu vida." Fue de película.»

Las dos chicas salieron y Starland llamó a Fusari; el compañero de grupo y novio de Stefani andaba por ahí, pero dice Starland que era tan anodino que no lo recuerda demasiado. «Stefani llevaba los pantalones en aquella relación —dice—. Le dije: "Tu novia tiene pelotas y desde luego tiene algo." Y él: "Sí, lo tiene."» Unos minutos después de esta conversación, Starland le dijo a Stefani que tendría que deshacer el grupo, lo que significaba deshacerse del novio. «Ni siquiera parpadeó —dice Starland—. Créeme, al cabo de una semana el novio había desaparecido.»

Gaga recordaba esa noche del mismo modo prácticamente: «Wendy Starland vino y me dijo: "¡La madre que te parió, tienes unas pelotas de elefante para ser una chica!" Me clavó los dedos en el brazo, me sacó de allí y me dijo, mirándome fijamente: "Estoy a punto de cambiarte la vida." Llamó a Rob y le dijo: "La he encontrado."»

«Se trata de 2006, el año en que las ventas de discos cayeron —dice Brendan Sullivan, un DJ de Nueva York que se hizo amigo de Gaga unos meses después—. Es el año en que nadie quiere oír nada "tranquilo": están los Strokes e Interpol y todo está verdaderamente difuminado, y los Killers son lo más. Todo tiene un aire funk. Pero cuando escuchas a Gaga, las notas son cristalinas. Ella destaca realmente. Es reconfortante escucharla.»

A Fusari, entretanto, lo habían despertado de un sueño profundo. «Dijo: "¿Por qué me despiertas?" —cuenta Starland—. Y yo le dije: "He encontrado a la chica. Créeme. Vamos a cambiar su estilo, le escribiremos canciones nuevas, le conseguiremos otro grupo y la produciremos de un modo completamente distinto."»

Fusari consultó la página web de Stefani, le echó un vistazo y escuchó mientras Starland seguía en comunicación telefónica, y se indignó todavía más. «Me dijo: "Wendy, esto no va a pasar. No me hagas perder el tiempo." Y yo le contesté: "No escuches esas grabaciones, se trata de cómo resulta en directo."» Entonces, según Starland, Fusari dijo que le preocupaba la imagen de Stefani; Starland insistió. «Stefani está aquí a mi lado —le dijo—. Está escuchando esto.» Mientras la criticaba, la futura Gaga permaneció impertérrita. «Sólo quiere llegar a Rob.»

Wendi puso a Stefani al teléfono.

«Ése fue mi primer error», dice. Si hubiera tenido algo por escrito, comenta, entonces hubiera sido más que una cazatalentos por cuenta propia y podría haber tenido mucha más influencia en el futuro, cuando ya no la necesitaron.

A petición de Starland, Fusari asistió a la siguiente actuación de Stefani, al cabo de unas cuantas semanas. «Era un pequeño club de porquería en la Primera con la Segunda Avenida, con agujeros en las paredes, el mismo grupo apestoso», dice Starland. Después de la actuación, Fusari llamó a Starland. «Wendy —le dijo—. Honestamente, ¿te estás burlando de mí? ¿Te estás quedando conmigo?»

Stefani no habló con Fusari aquella noche, pero lo vio marcharse después de la actuación y entendió lo que eso significaba. Llamó a Starland «incesantemente», dice ella. «Yo le decía: "No te preocupes." Estaba muerta de pánico. Muy preocupada.» Según Starland, Stefani reaccionó con absoluta corrección. «No estaba loca. Era algo que no estaba en absoluto en sus manos.»

A Stefani se le había acabado el tiempo: nueve meses antes, su padre le había dado permiso para dejar la facultad e intentar conseguir un contrato de grabación; si no lo conseguía dentro del plazo, tendría que volver a los estudios. Había alquilado un apartamento diminuto de treinta metros cuadrados en el Lower East Side, mucho peor que el lujoso piso de sus padres en un edificio con portero del Upper West Side. Vivía sola, pero detestaba estar sola. La fachada del edificio de sus padres no tiene nada de particular. Es un edificio sin personalidad, insulso y beige de la posguerra. Los que han estado en el piso dicen que es cálido pero lujoso, de dos o quizá tres pisos. Las habitaciones de Stefani y su hermana Natali están en el primero. El punto focal de la sala de estar es un cuadro al óleo de la familia, de cuando las chicas eran muy pequeñas, que hay sobre la chimenea. Desde la casa de sus padres en una calle muy tranquila de la zona alta, Stefani estaba a un paseo del Lincoln Center, el Museo Metropolitano y Central Park, en un barrio donde todo estaba muy limpio, muy ordenado y era muy caro y muy seguro.

Había dejado aquella zona segura por una vida a ochenta manzanas de distancia, en el centro, que, aunque no parece tan lejano, es el polo opuesto de la zona alta. El centro de Nueva York es una mezcla de culturas, de lo más rico y lo más pobre, del mundo empresarial y la contracultura. Stefani cambiaba entre los dos mundos y estaba cada vez más desconcentrada. A veces pasaba la noche en su antigua habitación, en el barrio de clase alta, donde, a diferencia del sucio e inseguro Lower East Side, había escasa delincuencia y nada de ruido. Podía retroceder y refugiarse.

Dos semanas después de la actuación, Fusari accedió a reunirse con Stefani.

2

Convirtiéndose en Gaga

A principios de 2006, Stefani tomó el autobús en la estación de la Port Authority de Nueva York para ir a Parsippany, Nueva Jersey, donde vive y trabaja Fusari, que tiene su pequeño estudio en el mismo edificio que su casa y mantiene un ambiente de trabajo abierto: suele dejarlo todo abierto, para que los músicos puedan ir y venir a su aire. El espacio está decorado con mobiliario moderno y a la moda de los años sesenta. Mientras Fusari iba hacia la parada del autobús en la que había quedado en recoger a Stefani, vio a una chica pequeña y gordita en una pizzería. Daba la sensación de que buscaba una dirección.

«Puede que sea ella —recuerda que pensó—. Pero espero que no.»

Se acuerda a la perfección de cómo iba vestida: «Era una especie de mezcla de tres épocas distintas —dice—. Llevaba mallas y una extraña camiseta corta y un sombrero que parecía sacado de *Purple Rain* de Prince.» Fusari tenía la idea de que iba a encontrarse con una Chrissie Hynde actual: una chica que, según sus propias palabras, fuera «mona, pero no demasiado», flaca y fuerte, llena de una sexualidad bravuconamente masculina en apariencia pero subversivamente femenina.

A su modo de ver, Stefani era un desastre. Estaba asustado de que su aspecto externo fuera un reflejo de su caos interno, de que fuera una chica sin gusto, sin visión, sin talento. Tenía pinta de no ser más que otra ilusa con un sueño. Fue sólo por educación que no le dijo que se diera la vuelta y se fuera a casa.

«Mentalmente ya lo había hecho», confiesa ahora.

Tommy Kafafian, un amable aunque lunático músico de estudio de veintiséis años que trabajaba con Fusari, iba ese día con él, y dice que sólo se detuvieron en la pizzería porque él estaba hambriento y le rogó a Fusari que le dejara tomar un bocado. Recuerda haber visto a Stefani y pensado «¡Caray!», en el buen sentido.

«Era una de esas chicas monas con una melena larga morena y medias blancas», me dice por teléfono desde Atlanta, Georgia, donde forma parte de «la mejor banda de rock'n'roll de todos los tiempos» y espera ir de gira por la Luna. «Quiero ser el primero», dice.

Volviendo a su encuentro con Stefani: «Entré por una ración de pizza y me encontré con ella. [En] el planeta Tierra. Se manifestó en mi realidad.» Fusari esperaba en el coche; Stefani estaba hecha un manojo de nervios. Le dijo a aquella extraña niña que fuera con él, que la llevaría, que la persona con la que había quedado estaba esperándola en el coche.

«Parecía un poco miedosa, como si estuviera asustada —recuerda Kafafian—. Le dije: "No tengas miedo, es un tipo estupendo." Se subió al coche y volvimos al estudio.»

Fusari no podía con su aspecto. «Parecía sacada de *GoodFellas* —dice—. Tenía un poco de sobrepeso. Parecía dispuesta a comer pasta en cualquier momento.» Mantuvieron una charla insustancial, dice Fusari: «Lo habitual.» Había oído algo de lo que ella hacía en MySpace: «Parecía un grupo que tocara piezas de Gwen Stefani.» No estaba impresionado. Le pidió que tocara algo.

«Me quedé... te lo aseguro, a los diez segundos de estar interpretando *Hollywood*... esa canción estilo blues de su época del Bitter End, en la que habla de "la ambición enfermiza"... y me quedé... ¡Oh, Dios mío!, me dije. Si no me hago con esto, tendré una gran decepción. Mi cabeza volvió a centrarse en los negocios: ni siquiera pude escuchar el tema. Estaba sentado detrás de ella, haciendo cábalas sobre asuntos de producción como: "Necesito un contrato. Ahora mismo."»

Starland no estaba en el estudio ese día, pero no recuerda que Fusari reaccionara así. «Después de haberla oído cantar en directo en el estudio, él y yo hablamos mucho acerca de si la produciría —cuenta—. Me dijo: "Es buena, pero..." La cantidad de trabajo que requiere empezar desde cero es ingente. Así que a pesar de lo que dice en los periódicos ahora, eso de que "lo supe al instante"... no es cierto.»

Stefani, por su parte, le dijo a Fusari que era una completa novata, que no sabía nada de cómo funciona la industria de la música. «Luego me enteré de que en realidad se había puesto una etiqueta —dice. Había omitido las numerosas pruebas a las que se había presentado siendo adolescente, algunas con los pesos pesados de la industria, que le había conseguido su padre—. Estaba fabulando, ¿sabes?, empezaba a ocultar la verdadera historia.»

En cuanto Fusari accedió a firmar con Stefani para producirla, tuvo una clara ida de con quién estaba tratando. Stefani pedía un contrato 80-20: el 80 por ciento de los beneficios serían para ella y el 20 por ciento para Fusari. Aquello era tener más que coraje, sobre todo teniendo en cuenta que era una chica de diecinueve años, desconocida y que necesitaba desesperadamente a un productor como Fusari, con su trayectoria y todos sus contactos. Las negociaciones fueron tan acaloradas que Fusari empezó a reconsiderar si debía firmar, que a lo mejor le sería más fácil encontrar a otra, romper relaciones.

«Ella estaba perdiendo los papeles —dice Starland—, muy nerviosa de que se estropeara. Cuando se pone a negociar, Rob se acalora. Y no le gustaba el trato. Le parecía que él estaba poniendo más sobre la mesa e intentaba sacar un buen porcentaje. Fue entonces cuando entró en juego el padre de Stefani.»

Al final, tras un mes de negociaciones entre abogados, ambas partes llegaron a un acuerdo: el 40 por ciento sería para Stefani, el 40 por ciento para su padre y el 20 por ciento para Fusari en el contexto de una sociedad limitada llamada Team Love Child.

«El padre de Gaga, con todo lo que sabía de telecomunicaciones... sabía evitar meterse en un contrato que no pudiera rescindir —dice su amigo Brendan Sullivan—. Creo que por eso Team Love Child es como es. Te pongo como ejemplo el iPhone: si quieres un iPhone, tendrás que firmar un contrato con la AT&T, pero no tendrás que firmar con la AT&T para el resto de tu vida. Creo que si Rob Fusari hubiera sido su único productor no hubiésemos hecho una música formidable. Con Rob, sacó algunos de los últimos sencillos apasionantes de *The Fame*, como *Beautiful, Dirty, Rich* y *Disco Heaven*, en cuya cara B está *Boys Boys Boys*. Uno se pregunta por qué [hubiese tenido] que pasar ella para escribir lo que vino después.

Stefani ha comentado lo mucho que la aprobación de su padre representa para ella y que, aunque él se mantenga en segundo plano, basta para que cambie radicalmente de comportamiento. Es un secreto a voces que el único comentario que le ha hecho nunca acerca de su desenfreno —«La estás cagando, nena»—

fue el revulsivo para que dejara de tomar cocaína. «Es mi héroe», le dijo al periodista Touré durante una entrevista para *Fuse* en 2009.

Quienes conocen a su madre, Cynthia, la describen como una mujer hermosa, culta y amable. Es baja y morena, como su hija. Tuvo una gran influencia sobre los gustos de la joven Stefani. «Mi madre se divertía haciendo experimentos de moda conmigo —según ha dicho Gaga—. Me vestía con mallas fosforescentes y camisetas enormes. Tenía una visera... una visera verde de acetato, como de casino... con luces que parpadeaban. Una vez me la puse para ir a una fiesta de patinaje.»

También dice que solía ir al colegio vestida con demasiada elegancia: «Llevaba bucles a lo Marilyn Monroe —recuerda—. Para serte sincera, creo que tenía un aspecto magnífico. Pero se burlaban de mí. Solía llevar ropa muy ajustada debajo del uniforme del colegio... Tuve problemas por los escotes en V y las botas de ramera. Cuando miro las fotos de entonces me dan risa.»

Aunque da la misma importancia a ambos padres y ha dicho que los adora, la fuerza dominante en su vida parece ser su padre. En el número de enero de 2010 de la revista *Elle*, le contó a la periodista Miranda Purves que no tenía novio por el momento, pero que estaba bien: «Estoy casada con mi padre.»

Paul Rizzo, el copropietario del Bitter End y que fue el representante de Stefani desde que era adolescente, recuerda que Joe «siempre, siempre» acompañaba a su hija a las actuaciones. «Porque era joven —dice Rizzo—. Por entonces incluso la llevaba en coche. Le llevaba las partituras. La apoyaba mucho. Aunque cuando se transformó en Lady Gaga... al principio no creo que le gustara, pero no se opuso nunca. Alimentó su talento. Stefani tenía una buena familia, unida.»

Luego, cuando tuvo su primera gran actuación en Nueva York, en el Terminal 5, Rizzo recuerda que Joe acudió a otro copropietario del Bitter End, Kenny Gorka, en busca de «consejo acerca del negocio». Hacía mucho que Joe había dejado de trabajar en el sector de la tecnología para dedicarse a ser mánager a tiempo completo. Además de su hija, tenía otros dos clientes en otra compañía formada con Gaga, Mermaid Music, S. L., en la que los dos son socios comerciales a partes iguales.

«Estaba en casa de sus padres [en febrero de 2008] y Gaga le estaba cantando las cuarenta a su padre porque había dejado un montón de cosas por hacer —dice Brendan Sullivan—. Le decía algo así como: "¿Qué demonios has estado haciendo?" Él le respondió —bromeando, según Sullivan—: "Mira, ahora soy productor musical a tiempo completo. ¡Tengo que trabajar para tres!"»

Sin embargo, es hija de su padre, testaruda y dura, y nunca sigue un dictado con el que no esté de acuerdo. Un amigo recuerda a Stefani pasando el rato en casa antes de una reunión con la Sony y que llevaba leotardos con las bragas por encima. Su padre, dijo Stefani, le había dicho que parecía una «jodida puta». Se rio, pero parecía que en realidad le había dolido aquello. Se comportaba como si estuviera más alarmada de darse cuenta de que había olvidado depilarse las rodillas.

Por su parte, es posible que Joe estuviera igualmente asustado de que la apariencia de su hija minara su credibilidad. «Su relación mejoró bastante cuando ella empezó a ganar más dinero —dice una fuente—. Eso ayudó substancialmente. Ella siempre había intentado obtener su aprobación. No sé si eso es sano. En cuanto empezó a ganar dinero, él le dijo algo así como: "¿Qué hombre no te querría ahora que tienes tanto éxito?"»

Últimamente su hija había empezado a decir a los entrevistadores que siempre pondría su carrera por encima de un hombre, porque una carrera no se da la vuelta en la cama una mañana y te dice que ha dejado de quererte.

En abril de 2006, Stefani y Fusari habían terminado una canción. Stefani estaba empeñada en ser una cantautora seria. Fusari opinaba que la idea no era actual, menos aún progresiva. Acababa de leer un artículo del *New York Times* «acerca de las mujeres del rock y de cómo estaba resultándoles muy difícil abrirse paso en este género y de que Nelly Furtado se había pasado más al dance».

Le dijo a Stefani que el futuro era ése, que debían ir por ese camino. «Le dije más o menos: "Mira, me parece que a lo mejor no vamos por el buen camino." Los chicos no se identificarían con aquello. Y ella me respondió que no: "Me gusta lo que hago, no quiero cambiar."»

«Era mucho menos sofisticada y más hippy y eso —dice Kafafian, que se escribía con ella por entonces—. Pertenecía al ámbito de las *jam bands*. Escribía canciones en esa onda y estilo Bob Dylan.» *Brown Eyes* y *Blueberry Kisses* fueron dos de las cincuenta que compuso por aquella época. Quien se las inspiraba, según Starland, era Fusari.

«Rob quería un sonido más moderno —dice Kafafian—. No quería hacer un disco orgánico como quería yo. Todo el mundo se peleaba. Se comían unos a otros.»

Fusari insistía en la música dance... según él y Kafafian. Otra fuente dice que lo que grababan por entonces sonaba como sus piezas del instituto y de la facultad, a Michelle Branch y Avril Lavigne, en parte balada de piano y en parte irritante rock quejoso de quinceañera. Fusari se impuso: Stefani trabajaría un sonido más melodioso, más dance: las composiciones ligeras, que eran la marca de fábrica de superproductores de pop europeos de cantautores como Max Martin, el sueco de treinta y nueve años responsable de algunas de las canciones más pegadizas de los últimos quince años, incluidos el tema de los Backstreet Boys *As Long as You Love Me* y el de Kelly Clarkson *Since U Been Gone*.

Stefani, fan incondicional de Britney Spears, para quien Martin había escrito *Bay One More Time*, el primer éxito de ventas de Britney, se opuso a gritos a la idea. Puede que no supiera lo que estaba de moda, pero sabía lo que no lo estaba, aunque hubiese llorado a la salida de *TRL** después de ver a Britney en persona cuando iba al instituto. Y era una auténtica fan de artistas serios que escribían sus propios temas. Se había criado con Bruce Springsteen, Billy Joel, los Beatles. Quería ser seria y sincera.

Además, había otro problema, uno mucho más delicado: Stefani no tenía el aspecto de una estrella americana del pop en ciernes. Fusari y Starland no creían que pudieran sacar una chica al piano, porque como explica Starland, sin una pizca de piedad, para eso tienes que ser muy muy guapa (piensa en Norah Jones, Fiona Apple, Tori Amos).

Mantenían tales discusiones, según Starland, abiertamente entre los tres. Stefani se mantenía estoica y práctica. Evitaba merodear por casa de Starland: «Sé que la presionábamos mucho para que adelgazara —dice Starland—. Venía mucho por casa y yo tenía

* *Total Request Live*, un programa de la cadena de televisión MTV. *(N. de la T.)*

Pringles y bizcochos Hostess... como muy poco... y ella decía: "¡Oh, Dios mío, no voy a poder soportarlo. Es el peor lugar donde puedo estar!"» Pero de todos modos se lo comía. Su padre le pagaba la cuota del Reebok Sports Club del Upper West Side y empezó a ir al gimnasio con regularidad. Adelgazó siete kilos.»

«Yo decía: "Podemos hacer algo teatral para desviar la atención de su aspecto" —recuerda Starland—. Ella también lo decía. Se implicaba activamente: "Sé que no tengo el aspecto tradicional y que no soy la clásica belleza, así que tenemos que hacer otras cosas." Muy pragmática. No me parecía que se sintiera herida por aquello. Haría lo que hiciera falta para hacerse famosa.»

Así que la música dance se convirtió en el camino obvio, pero la cosa tenía que sonar un poco más sofisticada y europea y ser un híbrido de intensidad y frialdad, como el *Can't Get You Out of My Head* de Kylie Minogue o el sintetizador de *Number 1* de Goldfrapp: el contraste entre una voz distante con unos ritmos mucho más sensuales y sincopados. «Dije: "Yo me sentaré a la caja de ritmos y tú al piano"», relata Fusari de su primer experimento.

«Los primeros temas no tenían su sonido —dice Starland—. Realmente quiero atribuirle a Rob el mérito de la ocurrencia... —Hace una pausa—. Yo hablé tal vez de poner el foco de atención más sobre su cuerpo que sobre su cara y de que, por eso, el dance parecía lo más natural para ella.»

Aquel primer experimento con temas dance, según Fusari, fue «una revelación. Todo empezó a tener sentido. Pero todavía no teníamos el nombre».

Entretanto, Stefani aprendía a moverse por el Lower East Side. Desde los años ochenta, el barrio, situado entre East Village, de estética similar, y Chinatown, acogía la vanguardia artística y el libertinaje de la ciudad. Como en la actualidad, el East Village y el Lower East Side se solapaban en los ochenta. Keith Haring dio un espectáculo de una sola noche en St. Mark's Place, en el East Village, en 1980, y poco después vino la Fun Gallery, a dos manzanas de distancia, en la calle 10 Este, donde los niños y los curiosos iban a mirar a los bailarines de *break dance*, escuchar hip hop y contemplar los grafitis de los muros. También eran buenos para la música, el baile y la bulla en general el Mudd Club, el CBGB (que abrió en 1973) y el ABC No Rio, un espacio colectivo para artistas y activistas de la calle Rivington que todavía acoge a todo el mundo, desde serigrafistas hasta anarquistas. Jean-Michel Basquiat estaba también allí por entonces, codeándose con Andy Warhol y viéndose con una jovencísima Madonna.

En la primera mitad de los años noventa, el Lower East Side se había vuelto lo bastante burgués como para atraer a chicos de la Universidad de Columbia y de la Universidad de Nueva York que querían recorrer los barrios bajos y conseguir un poco de heroína de la buena. La calle Ludlow se había convertido en la arteria principal con la apertura del Max Fish, el venerable bar-galería de arte. Unas cuantas puertas más abajo estaba la Alleged Gallery, que exponía arte extranjero y muestras de diseño de monopatines y tenía una habitación trasera para acoger a artistas visitantes. (Su fundador, Aaron Rose, sería inmortalizado más adelante como un joven playboy en *Gossip Girl*, la serie en uno de cuyos capítulos posteriores Lady Gaga realizó una actuación especial, interpretando *Bad Romance* en una escuela de baile.) Grupos de culto como el Jonathan Fire Eater, del que surgió el todavía más exitoso Walkmen, vivían y tocaban allí, así como un jovencísimo Beck, a quien era frecuente encontrar tocando en los cafés de la Avenida A.

En 2006 el Lower East Side llevaba ya mucho tiempo siendo algo así como un parque temático para *hipsters*.* Los turistas iban a Max Fish siguiendo los consejos de las guías Lonely Planet y estrellas como Jude Law eran inversores de la casa de sexo para adultos Box. El famoso restaurador Keith McNally abrió Schiller's, una brasería sofisticada donde servían a clientes como Karl Lagerfeld y que inspiró el escena-

---

* Término derivado de *hip* y que se aplica a un individuo que se precia de tener gustos, actitudes y opiniones que la gente en general considera sofisticados, ideales y vanguardistas. Esta actitud va emparejada con una vestimenta retro. *(N. de la T.)*

rio de la acción de la exitosa novela *Lush Life*, de Richard Price (2008). El barrio tiene una identidad tan marcada que un artista como Santigold puede crear una canción llamada *L.E.S. Artistes* que no sólo se convierte en un éxito, sino que logra que casi todos los que la escuchan se enteren de lo que significa el L.E.S. En la época en que Stefani se mudó al barrio, el Lower East Side era casi tan seguro como el Upper West Side, aunque estaba más sucio. Pero eso era un ingrediente de su atractivo, y era en el Lower East Side donde seguían estando todos los chicos *cool*. Miembros de los Strokes, Interpol y Yeah Yeah Yeahs se movían por la zona; allí estaban los mejores locales de actuaciones de la ciudad, como el Mercury Lounge y el Bowery Ballroom; allí era donde los de la A&R buscaban nuevos talentos, donde acudían los buscadores de tendencias y donde el grueso de los blogueros de arte y música más leídos de la ciudad vivían y trabajaban.

«En esa época de mi vida —ha dicho Gaga— intentaba ser *cool*, la reina del mundillo, dejando que me sacaran fotos y saliendo con el camarero que estaba más bueno. Los camareros eran como estrellas de cine allí.» (Por absurdo que pueda parecer, tiene razón.) «En el Lower East Side, ser la reina del mundillo es ser la reina de dos manzanas. Pero salí en las revistas y se interesó por mí Interscope (su futura casa discográfica).»

Se fue a vivir en el número 176 de la calle Stanton, y aquel pisito sin ascensor de una habitación era su hogar cuando no estaba en casa de sus padres. (No trabajaba de día; su época como camarera de la que tanto ha hablado fue durante su segundo año en el instituto.) En el Lower East Side, también causó bastante impresión. Uno de sus vecinos dice que, poco después de haberse mudado allí, su hermana le preguntó si sabía que «una prostituta vivía en el edificio».

Su vecino se quedó completamente desconcertado; en la calle Stanton, como en la mayoría del Lower East Side, viven sobre todo jóvenes profesionales y artistas. «Dije: "¿De qué estás hablando?" Ella me respondió: "He visto a esa chica subir las escaleras a trompicones a eso de las cuatro de la madrugada, bueno, sin nada encima, y estaba borracha." Y recuerdo que sólo pensé: "¡Oh, estupendo! ¿A qué edificio asqueroso me he ido a vivir?"»

En el 176 de la calle Stanton, Stefani se pasaba el día componiendo y preparando demos. Su casa estaba escasamente decorada con un futón, un colchón enorme y un tocadiscos de los almacenes Urban Outfitters. Tenía una foto de David Bowie sobre la cama y se sentaba en el mostrador de la cocina con el teclado y el portátil a trabajar en sus canciones.

«Tenía un apartamento desnudo —dice su amigo Brendan Sullivan, que iba a trabajar como su DJ—. Sólo había una platina, un sintetizador y un sofá. Era como la celda de un monje... sólo para trabajar y estudiar.»

Stefani iba por ahí en leotardos y con botas de gogó y subía las escaleras a las cuatro de la mañana, pero en el fondo era una trabajadora esforzada y poco sociable. Los que la trataron durante esa época y quienes la conocieron cuando ya era mundialmente famosa la describen de modo similar: una chica con un carisma tremendo, muy popular y dueña de sí misma en apariencia pero a la que en realidad cuesta mucho llegar a conocer. En este sentido, tal vez la descripción que Gaga hace de sí misma como adolescente distante y alumna de instituto *freaky* que no encajaba nunca no esté demasiado alejada de la verdad. Es posible, después de todo, ser popular y distante al mismo tiempo. Valgan de ejemplo *Rebelde sin causa* o *Heathers* o *Gossip Girl.*

En cualquier caso, eran los demás quienes le causaban problemas a Stefani. Una vez lo hicieron de manera espectacular. Su vecino dice que en una ocasión unos chicos que vivían en el edificio «forzaron la cerradura, irrumpieron en su apartamento y la vieron en la ducha... fue un éxito. Los arrestaron a todos». Resulta que otro vecino era policía y ayudó a efectuar el arresto.

Recientemente, su antiguo vecino recibió una nota de ese policía. Decía: «¿Recuerdas a Stefani, la chica en cuyo apartamento entraron forzando la puerta? Se dedicaba a la música y ahora es Lady Gaga.» Dice ese vecino que tardó un rato en creérselo. Ahora entiende que el hecho de que se mudara del número 176 de la calle Stanton a Los Ángeles no tuvo nada que ver con el allanamiento, sino con el posterior contrato discográfico.

Durante la temporada que pasó en el Lower East Side, Stefani iba a bares como el Welcome to the Johnsons y el St. Jerome's, los dos regentados por un larguirucho paparazi del rock llamado Lüc, que también trabajaba como camarero. Cuando se convirtió en Gaga, dijo que para componer *Paparazzi* se había inspirado por una parte en el auténtico paparazi y por otra en su hambre de fama.

Lüc Carl mide más de un metro noventa y, con el pelo negro y largo de punta en la coronilla como un helecho descontrolado, parece un híbrido de Russell Brand y Nikki Sixx. No se ocupa tanto de servir como de dar vueltas y tenderse sobre la barra mirando fijamente el vacío. El cliente espera a que decida si se levanta para servirle. (El camarero como estrella del rock.) Stefani le había echado el ojo, aunque también se lo había echado a una bailarina de revista llamada Lady Starlight, que trabajaba los viernes en el St. Jerome's. Starlight era otra celebridad, una chica dulce con una imagen dura de heavy metal que actuaba en todos los bares en los que convenía, y conocía a todos los que convenía conocer, e iba a todas las fiestas a las que convenía asistir. Gaga quería ser amiga de Starlight.

«Estaba, y sigue estando, increíblemente centrada y motivada para triunfar», dice Starlight, quien, en 2007, con su larga melena negra, el denso flequillo y su falta de gusto para vestirse, parecía la gemela de Gaga. (En las fotos que les tomaron a ambas, cuesta distinguir quién es quién.)

Starlight recuerda claramente su primer encuentro, allá por 2006. «Me dio propina —dice—. Me la metió en las bragas.»

Stefani consiguió que Lüc le diera el número de teléfono de Starlight. Igual que había hecho con éxito con Wendy Starland, empezó a conquistarla para que fuera su mejor amiga. «No puedes evitar fijarte en ella», dice Starlight, que explica que eso no es necesariamente bueno. Ella asegura haber nacido en 1980 pero puede que sea diez años más vieja, dice que Stefani parecía «ruda y fuera de lugar» entre los *hipsters* del barrio.

Fusari también recuerda a Stefani trabajando su *look* por esa época. Estaba desconcertado por el escaso gusto de Stefani y lo poco que le importaba la opinión de los demás.

«Empecé a involucrarme en eso... No quiero decir que empecé a cuestionarlo, pero cruzaba los dedos cuando iba a presentarse a las reuniones —dice Fusari—. Nunca sabía lo que llevaría. La combinación de colores podía consistir en pantalones con estampado de leopardo ajustados con zapatos rojos de plataforma. Yo me decía: "¿Qué es esto, *The Rocky Horror Picture Show*?" Cuando andabas por la calle con ella, honestamente, sin exagerar, el noventa por ciento de la gente se paraba. Eso es algo que uno no espera que suceda en Nueva York. Le decía: "Stef, camina un poco por delante de mí. La gente va a decir que voy con una prostituta. O con una prostituta transexual." No podía ni mirarla.»

Una amiga que conoció a Stefani poco después tiene un recuerdo similar. «La gente la miraba fijamente —dice—. No parecía tan loca como ahora, pero desde luego no era como el común de las personas que iban por la calle. Podía ponerse aquellos leotardos de American Apparel... parecía que casi llevara la ropa interior por encima de las prendas exteriores.»

«El atuendo mejor eran unas medias de red y un maillot sin espalda con un cinturón de cadena —dice su amigo Sullivan, que conoció a Stefani en el St. Jerome's, donde servía Lüc, en diciembre de 2006—. Podía ponerse eso con unos zapatos de tacón y una chaqueta de cuero. Ése era su estilo.» Recuerda que se presentó como cantante. Sullivan solía ir por el St. Jerome's. Stefani acababa de empezar a salir con Lüc y, según Sullivan, éste era extremadamente posesivo.

Esa noche Sullivan le estaba prestando más atención a Stefani que a la chica que iba con él, de quien sabía que a Lüc también le gustaba. Sullivan lo encontraba divertido. Él y Stefani tenían en común la música y la interpretación, así que decidieron intercambiar sus números de teléfono. Eso bastó, según Sullivan, para que Lüc estallara, lo que también le pareció muy gracioso.

Primero, dice Sullivan, escribía su nombre en el

móvil, pero ella le dijo que no la apuntara como «Stefani». Le dijo que pusiera «Gaga». Lüc ya estaba alterado, y entonces ella recibió una llamada. «Lüc le soltó: "¿Quién te llama a las once de la noche?" Y Stefani: "Mi productor"», dice Sullivan riendo. Frustrado, Lüc se volvió hacia él y le gritó: «¡Deja de hablar con mi novia, tío!»

Sullivan y Lüc iniciaron la típica competición patética del Lower East Side sobre cuál de los dos era más *cool*, cuál tenía más contactos, cuál tenía la novia más deseable. Al final, dice Sullivan que tuvo la dignidad de no jactarse de que su chica había estado antes liada con Moby y que Moby le detestaba, y lo *cool* que era que un músico famoso internacionalmente no sólo supiera quién era él sino que le tuviera tirria.

Lüc, en opinión de Sullivan, todavía no dominaba el difícil y necesario arte del centro de Nueva York de hacer ver que no le importaba... a diferencia de Sullivan, que era capaz de no sacar jamás a colación su relación con Moby. En un intento de limar asperezas, Sullivan le dijo a Lüc que Stefani estaba muy buena. «Y me respondió: "Es una artista que ha grabado con Island."» La jactancia de Lüc lo dejó sin habla.

Aparte de lo de Lüc, Sullivan sigue alegrándose mucho por esa noche: «Fue el encuentro profético, profético y maravilloso que cambió mi vida, y la de ella, para siempre», comenta. Porque esa noche conoció a la chica que se convertiría en Lady Gaga y todavía no puede creerse que conozca a alguien tan famoso.

3

La reina de la escena musical

Sullivan y Gaga se pusieron a trabajar juntos frenéticamente, sobre todo debido al efecto de la cercanía. «Yo era DJ en el bar, su novio era el camarero y tenía unos cuantos grupos espantosos que no iban a ninguna parte... y ella formaba parte de aquello —dice Sullivan—. No podíamos evitar pasar tiempo juntos a diario.» Su camaradería se componía a partes iguales de afinidad y necesidad. Starland contribuía con Fusari y una futura grabación; Starlight le estaba dando un curso intensivo de interpretación y el Lower East Side uno de «hipsterismo». Sullivan era un cualificado y popular DJ que podía ayudarla con las actuaciones.

No pasó mucho tiempo antes de que Gaga fuera gogó, bajo la tutela de Starlight, mientras Sullivan hacía de DJ en locales como el St. Jerome's, el Don Hill's y el Luke & Leroy's, tres de los bares más famosos para desaliñados insatisfechos. De vez en cuando, Gaga cantaba. En la fiesta de cumpleaños de un ami-

Gaga cantaba. En la fiesta de cumpleaños de un amigo, en el Beauty Bar de la calle Catorce, otro lugar de encuentro de la gente *cool*, de ambiente retro, con secadores de pelo de los años cincuenta y tocadores de manicura, salió de una tarta y cantó *Happy Birthday, Mr. President* a lo Marilyn Monroe.

«Solía ir por la calle como si fuera una jodida estrella —ha dicho Gaga—. Quiero que la gente que hay a mi alrededor fantasee sobre lo estupenda que puede llegar a ser... y que luego luche a diario para que esa mentira se haga realidad.»

«La diferencia» con Gaga, dice Sullivan: «Es que es como... Tiene una voz finita. No era la más mona cuando era más joven. Estaba acostumbrada a que la gente la ignorara, básicamente. Pero cuando se subió a un escenario y tuvo un micrófono en la mano sintió por primera vez que interactuaba con los demás de un modo distinto. La gente, más que pararse a escucharla, estira el cuello para verla mejor. A eso es a lo que nos referimos cuando hablamos de "la fama".»

Lady Starlight fue la que adiestró a Stefani en el baile de cabaré, el espectáculo de bar del centro de Nueva York, y en cómo encender pasiones con laca. Llevó a Stefani a su local *underground* favorito, el Frock'n' Roll de Long Island City, en Queens, a treinta minutos de distancia en tren. Long Island City se ha convertido en los últimos años en el nuevo Williamsburg, que por un corto tiempo fue el nuevo Lower East Side. En Long Island City vive esa generación de artistas muertos de hambre, pero también acoge la rama más experimental del Museo de Arte Moderno, el MOMA PS1. Matthew Barney tiene allí su estudio.

La integración de Stefani no iba bien. No daba el papel, no tenía todas esas referencias esotéricas. «Ya sabes cómo es en esa clase de círculos artísticos —declaró Starlight al *New York Post*—. La gente es un poco esnob.»

Pero Stefani se mantuvo firme. Fue a una prueba para una revista en el Slipper Room, un local de actuaciones y bar situado en la esquina de las calles Orchard y Stanton, en el Lower East Side.

«Me pareció una buena chica alocada de Jersey», dice el propietario, James Habacker, que la contrató después de su primera prueba, en 2007. (Como a muchos de la vida nocturna del centro de Nueva York, le cuesta recordar las fechas con exactitud.) El aspecto de Gaga, de día, según él, era «de pendón». Se ríe. Habacker, que parece un dandi, con un abrigo verde aceituna a medida, de corte impecable y el pelo ondulado cortado hacia los pómulos, está sentado en la habitación del fondo del sótano de su local de actuaciones. Hay en ella dos sofás, uno delante del otro, una barra y una bandeja de plata enorme en la mesa de café con ceniza de cigarrillos. Recuerda que Stefani siempre era «superencantadora conmigo», muy pendiente de su carrera, muy madura. Distante, no.

«Podía arrimar las borlas y el tanga. Aportaba algunos elementos interesantes y curiosos... Recuerdo un especie de cosa *plushie* [una especie de peluche]», dice, y luego se calla. (Los *plushies* son miembros de una subcultura dedicada a realizar actos sexuales con animales de peluche.)

«Nunca he sido *stripper*, nunca he hecho *topless* —ha dicho Gaga—. Lo mío era rock'n'roll de variedades.»

Fusari consideraba que las variedades no eran dignas de ella y que constituían una pérdida de tiempo. Su padre, como es natural, también.

«Era un *strip show* —ha dicho Fusari—. Nadie que viniera a ver el espectáculo lo hacía por la música. Y aquello empezó a molestar bastante a su padre. Creo que ahora él sabe que forma parte de la actuación, que es una especie de *Alicia en el País de las Maravillas* radical.»

Para Gaga, sin embargo, aquello era interpretar, una oportunidad para aprender a soltarse, para ir más allá del punto en el que se sentía cómoda, para ver lo que funcionaba y lo que no y encontrar maneras de adaptarse en consecuencia, sobre la marcha. Para ella, aquello era arte.

«No cabía duda de que era inteligente y profesional —añade Habacker—. Me parecía magnífica.» Sin embargo, las otras chicas no. «Había quejas —dice el empresario—. Cosas como: "No me gusta su actitud", "Es grosera conmigo", "Es una diva". No era su intención, me parece. Sólo era distante y un poco rara. Pero si no encajas, te cuesta.»

Pero ponía inventiva en su actuación: Gaga actuaba con esos animales de peluche, con borlas y pirotecnia. Habacker, que sólo contrataba a cuarenta chicas por ochenta al mes, la despidió al cabo de un año. El rencor que engendraba en las otras chicas, independientemente de quién fuera la culpa, era demasiado perjudicial. Él estaba doblemente impresionado por el modo en que manejó las críticas. «¿Sabes?, no me atacó por ello —dice—. Me dijo: "Te deseo lo mejor." Y creo que yo dije: "No me olvides si alguna vez llegas a ser una gran estrella."» Que es lo que todas las bailarinas del Slipper Room pensaban que llegaría a ser.

Stefani viajaba prácticamente a diario, trabajaba con Fusari en Nueva Jersey y volvía al Lower East Side por la noche para tratar de hacerse un hueco en los escenarios. Las dos cosas eran un desafío, romántica y profesionalmente.

Cuando llevaba un mes trabajando con Fusari, dice un antiguo amigo íntimo, Stefani empezó a salir con Tommy Kafafian, un músico de estudio de Fusari. «Es un tipo muy guapo, un compositor de canciones y un músico muy bueno», según ese amigo. Fusari había producido un tema para Kafafian, que tocaba también en algunos de los temas de Stefani. Ella se enamoró de verdad, dice su amigo. Kafafian no sentía lo mismo.

«Yo fui el novio hasta cierto punto —dice. Supone que salieron durante tres o cuatro o seis meses—. Era sin duda algo que me atraía. Pero no estábamos enamorados en absoluto. Más bien pasábamos juntos horas y horas y días seguidos en el estudio, y yo la acompañaba en coche a su casa de la ciudad.»

Ella se pasaba casi todo el tiempo libre grabando: «Nada podía sacarla del estudio —dice su amigo—. Estaba resuelta a ello.»

También buscaba un nuevo nombre: todos estaban de acuerdo en que Stefani Germanotta no servía y que había que cambiarlo. A pesar de las numerosas historias acerca de su origen —Fusari asegura que fue el resultado de una errata; Gaga, que fue algo que Fusari le dijo mientras ella tocaba un cara B de Queen (*You are so gaga!*, que no parece algo que nadie de una profesión remotamente *cool* diría nunca)—, según Starland dieron con el nombre de un modo mucho más común, mucho más prosaico: en una reunión de *marketing*.

«Fue un poco un esfuerzo del grupo —entre ella, Fusari, Kafafian y unos cuantos más, dice Starland—. No estábamos alrededor de una mesa, pero fue algo así como: "Todo el mundo a pensar en un nombre que sea vendible."»

Queen fue, de hecho, la inspiración, aunque dice Starland que ella no tiene conciencia de que Stefani fuera nunca una gran fan del grupo. «Hablamos acerca de Queen y *Radio Ga Ga*, y a alguien se le ocurrió lo de Lady y juntamos las dos cosas. En cuanto tuvimos "Lady Gaga", dijimos: "Si se lo decimos a Rob, ni siquiera escuchará ningún otro nombre... esto le va a encantar."»

Y en cuanto a Stefani: «Le encantó.»

También estaba muy contenta con Kafafian, que era más o menos de la misma edad y, como ella, un músico luchador. No revelaron su relación y suponían que nadie del estudio estaba al corriente. Pero una vez que Fusari se enteró, despidió a Kafafian, dice el amigo. Stefani no supo por qué y se quedó destrozada cuando Kafafian, poco después, la dejó.

«Vino a contármelo muy alterada por aquello, muy angustiada —dice el amigo—. Me dijo: "¡Estoy tan dolida!" No creo que se diera cuenta de lo que pasaba.» (Kafafian se negó a discutir acerca de las circunstancias por las cuales se había marchado del estudio y había roto con Stefani ni sobre el papel de Fusari en todo aquello.)

Pero Stefani no tardó en comprenderlo. Fusari, que, con treinta y seis años, tenía dieciocho más que Stefani, le confesó lo que sentía por ella. Que tuviera una prometida llamada Jane —que solía llevar en coche a Stefani hacia y desde la parada del autobús de Jersey— no parecía preocuparle. (Para complicar más las cosas: el hermano de Fusari estaba casado con la hermana de Jane.)

«Básicamente, lo que ella quería era [grabar] su disco», dice su amigo. Del mismo modo que, al principio, «ni siquiera tocaba este estilo de música dance —no era lo que le salía del alma— pero dijo: "Vale, lo intentaré." Y después de intentarlo una temporada, le pilló el tranquillo. Me parece que encaró la relación con Rob de un modo parecido. —El amigo hace una pausa—. Quería verdaderamente hacerse famosa y tener éxito, y trabajaba duro. Le preocupaba que si no consentía en aquello...».

Así que consintió.

Fue una época difícil. A sus amigos del instituto no les gustaba lo que hacía con Fusari; le dejaron claro que la juzgaban por ello, y que lo hicieran le dolió. Seguía todavía herida por lo de Kafafian, que dice que no tenía idea de lo que pasaba. Es una afirmación plausible, dada su propensión a afirmaciones como: «Se trata simplemente de disfrutar del amor... Estoy aquí porque estoy aquí. Porque no hay lugar en el que no puedas estar.»

En cualquier caso, Kafafian dice esto, según recuerda, salió de gira con «ese grupo» durante tres meses, pero cada vez que intentaba volver, o hablar con Stefani o con Fusari por teléfono, no lo conseguía. Se sentía excluido. «Se habían olvidado de mí —dice—, a pesar de que yo intentaba hacer lo más conveniente.»

A diferencia de Fusari, que posteriormente interpuso una demanda contra Gaga por treinta millones y medio de dólares afirmando que intentaba estafarle dinero, Kafafian dice que nunca se le ocurrió exigir pago alguno por su trabajo en las canciones —ni siquiera, dice, por las partituras de guitarra y las letras— en las que trabajó frenéticamente para *The Fame*.

«Me dejé los cuernos en *Beautiful, Dirty, Rich* y en *Brown Eyes* —dice en la actualidad. Encuentra el tema de *The Fame* muy irónico, dado lo utilizado y olvidado que se siente—. A lo mejor era un ingenuo —dice—. A veces tienes que pelar la cebolla para dar con la verdad, como dicen. Ahora sé lo que quiero, y no tengo que humillar a nadie para conseguirlo. En realidad no me importa. En el fondo, sé la verdad. Pero qué lástima.»

Stefani, entretanto, actuaba siempre que podía, a veces como bailarina, a veces tocando, acudiendo a clubes como el Bitter End —donde había tocado cuando era una estudiante de la Universidad de Nueva York con la Stefani Germanotta Band— tratando de ser su propia publicista, jactándose de la nueva chica que era. Que los propietarios del Bitter End la conocieran de la época en que actuaba con la Stefani Germanotta Band no la detuvo. «Los del local de actuaciones me vieron crecer musicalmente en los clubes», dijo.

Actuó en Arlene's Grocery, un pequeño club de la calle Stanton situado apenas a unas puertas de distancia del Slipper Room. Como muchos de los locales de actuaciones del Lower East Side, al principio el Arlene's era para conciertos de rock. «Pero programamos su actuación porque dijo que podía traer a cincuenta personas —dice Julia Dee, por entonces la encargada de contratar las actuaciones—. Y eso hizo.»

Los que trabajaban en el Arlene's, como es típico, no estaban impresionados, como corresponde al código de conducta del barrio. «Recuerdo que los miembros del personal decían: "Está buena, no puede cantar" —dice Dee—. Iba vestida con la parte de abajo del biquini y así tocaba el teclado. Nos pareció bastante fuera de lugar.» Dee la despidió después de que a la segunda actuación sólo fueran ocho personas. «La música era cursi, pop anticuado con un toque de R&B —comenta—. Lo mismo que hace ahora.» Esta opinión es típica del Lower East Side más papista que el Papa en cuanto a lo que es o no es *cool*. Entonces Gaga no era lo bastante *cool* para tocar en un local que acogía a desconocidos noche tras noche tras noche, y ahora que se ha convertido en una estrella internacional del pop aclamada por la crítica, siguen pensando que no es lo bastante buena.

Sin embargo, todos los del Bitter End opinaban que tenía talento. «No costaba contratarla —dice Paul Rizzo, el copropietario del Bitter End—. Tiene un talento increíble.» Eso no significa que creyeran que lo lograría: «Hay un montón de cosas que influyen aparte del talento —según Rizzo—. Era buena, pero he visto a mucha gente con talento que no llega a nada. Los que lo consiguen... es difícil saber cómo. No hay una fórmula para llegar.»

Rizzo dice que Stefani hizo su primera actuación en el Bitter End como Gaga el 28 de julio de 2006. Comenta que todavía tiene un póster de aquel bolo: Gaga con unos pantalones cortísimos de color verde, con los brazos hacia atrás —«bola de discoteca incluida», añade secamente. Ninguna anécdota sobre Gaga está completa sin un apunte sobre lo que llevaba la noche en cuestión—, le impactó, según él, porque estaba muy distinta de antes: «Era sólo un poco más... llevaba un atuendo de otro tipo —comenta diplomáticamente—. Creo que llevaba algo así como un bañador amarillo y negro, y una especie de sombrero.»

Gaga recuerda la del Bitter End como su primera verdadera actuación, pero su recuerdo de lo que llevaba es un poco distinto. «Llevaba un bañador de American Apparel —dijo—. Me había puesto una camisa blanca encima y una maldita flor en el pelo. Tenía pinta de perdedora. Me había hecho un copete a lo Amy Winehouse... antes de que ella fuera conocida.»

Si hay algo que Gaga no soporta es la idea de haber copiado la imagen de alguna otra. Su indignación resulta graciosa, porque es algo evidente y que no admite discusión que lo ha hecho. Justo un año después, en el Lollapalooza, tras una actuación, se vio rodeada de paparazis y de gente corriente que quería su foto. La habían confundido con Amy Winehouse. La confundieron accidentalmente y a ella no le gustó, pero les siguió la corriente y le dijo a una fan que la creía Winehouse: «¡Vete a la mierda!» La chica se marchó enseguida, encantada porque su ídolo acababa de maldecirla.

La composición de canciones iba bien. Sorprendentemente, dice Starland, su relación con Fusari se consolidaba. Se vio implicada en ella, a pesar de haberse embarcado en la relación sin demasiadas ganas —¿sin menos que demasiadas?— y de que Fusari seguía comprometido con la otra. Starland recuerda que le preguntó a Fusari por qué ponía en peligro su compromiso y que él le dijo que la perspectiva del dinero y de la fama «era un aliciente». Ambos, según Starland, eran adictos al melodrama que implicaba su relación, a lo que cada uno podía hacer por el otro.

Fusari inspiró también algunas de las letras de sus canciones, incluida la antes mencionada *Brown Eyes*, una canción que, en concierto, ahora suele acabar arremetiendo contra el protagonista y llamándole «hijo de puta» y burlándose de sus «ojos castaños de mierda».

«Salía con alguien con quien no podía estar —ha dicho Gaga—. Escribí aquello a las tres de la madrugada, llorando al piano, gimoteando sentada al Yamaha.»

Blueberry Kisses también trata sobre Rob, dice Starland. «Solían tomar tortitas con arándanos por las mañanas —cuenta—. Los unían lazos muy estrechos.» También tenían personalidades similares: volátiles, dramáticas, beligerantes. «Los picos eran muy altos, y los valles muy profundos —cuenta Starland—. Los dos se estaban volviendo locos.» En uno de los puntos más bajos de su relación con Fusari, Gaga llamó a su madre para que fuera a Nueva Jersey a darle apoyo moral.

Cuando más cansada y atormentada estaba, dudó de si tendría la fortaleza o la habilidad para terminar la demo. «Dijo: "No sé si podré terminar esta grabación"», asegura Starland.

¿Y qué podía decirle Starland a su amiga? «Eres una profesional. No he invertido tanto tiempo ni tanta energía ni he trabajado tanto escribiendo estas canciones y creando esta imagen contigo, y juntándolo todo y luchando con cada faceta de este asunto para que ahora me salgas con que "no sé si podré soportarlo".»

Mientras, Stefani seguía esforzándose por hacerse un hueco en el escalón más alto del Lower East Side. Había bailado con Starlight en el Jerome's y actuado en el Slipper Room, pero, aunque había conseguido más de lo esperado, quería que los promotores Michael T. y Justine D. —dos de las más grandes estrellas del centro de Nueva York, que concebían y celebraban eventos para sí mismos y para clubes y otros clientes— la contrataran para sus Motherfucker.

Las Motherfucker, una serie de disolutas y libertinas celebraciones en vísperas de las principales fiestas —parecidas a las fiestas semanales del colectivo de DJ conocidas como MisShapes—, dominaban la vida nocturna del centro de Nueva York entre los años 2003 y 2008. Atraían a centenares de asistentes, también a *bridge-and-tunnelers*,* que viajaban todos los días desde Long Island o Nueva Jersey. (Los *bridge-and-tunnelers*, que se caracterizan por su estilismo suburbano y su exagerada tendencia a aplicarse productos para el pelo, son tenidos por unos completos indeseables por los que siguen las tendencias del centro de Nueva York y que a menudo proceden también de Long Island o de Nueva Jersey.)

Las fiestas Motherfucker terminaban tradicionalmente con el éxito de Diana Ross de 1976 *Love Hangover*, en honor a Studio 54, y quien se ocupaba de permitir la entrada al evento era uno de los porteros más bravucones y tristemente célebres: Thomas Onorato. Como Glenn Belverio, autor de *Confessions from the Velvet Ropes*, escribió en su blog, en 2006: «Recuerda: Motherfucker es una dictadura en la puerta y una democracia en la pista de baile... así que trabaja tu imagen o el número uno de los porteros de Nueva

---

* Quienes viven en los distritos de la periferia de la ciudad de Nueva York, que se ven obligados a usar un puente o un túnel para llegar a Manhattan. El término tiene connotaciones despectivas. *(N. de la T.)*

York, Thomas Onorato, te mandará directamente al gulag de Año Nuevo.» Pero una Motherfucker no era en realidad una dictadura: bastaba con pagar para entrar. La amenaza de que le rechacen a uno, sin embargo, siempre fomenta la afluencia de gente.

Resulta que Lady Starlight conocía a Michael T., que sabía su verdadero nombre, Colleen Martin. Por aquel entonces, Martin trabajaba de día como maquilladora en la tienda M.A.C. y, aparte de sus propias actuaciones, Michael T. solía contratarla para bailar en las Motherfucker y otras fiestas que él llamó Rated X. Martin empezó a llevar a Gaga a las Motherfucker en 2007.

«Desde luego tenía una imagen completamente de basura rock de los ochenta —dice Michael T.—. Parecía salida de 1987.» Estaba perplejo por lo unidas que estaban las dos chicas, y notó que la amiga más joven de Martin imitaba descaradamente su *look*.»

«Colleen, en esa época, usaba una estética muy heavy metal —asegura—. Llevaba un peinado voluminoso, oscuro por arriba y rubio platino en las puntas. Era algo intencionado y sin duda alguna divertido.» La imagen de Stefani, en contraste, era más seria; parecía que llevaba aquella combinación de prendas porque realmente creía que quedaba bien. Todavía no había pillado esa misteriosa pinta irónica de cuidado mal gusto.

Según Michael T. parecía que Gaga no tuviera un estilo personal coherente. «Lo que quiero decir, supongo, es que ella más que nadie estaba copiando un montón de las cosas que veía en sus amigas —dice—. Pero te digo que entre la imitación de Bowie de Colleen y la de Lady Gaga... el día y la noche. Colleen tenía una pinta *freak* de 1973. Gaga parecía alguien que se hubiera dicho: "Oh, ponte un rayo a lo David Bowie en la cara."»

Gaga quería que Michael T. la contratara para bailar en sus fiestas. Se presentó a una prueba. «Estaba bien —dice él, riendo—. No me dejó espatarrado.» Pero era amigo de Lüc el camarero, a quien Michael T. recuerda como el novio de Gaga por esa época. (Todavía seguía liada con Fusari, pero Lüc no tenía ni idea de que hubiera entre ellos algo más que una relación profesional.)

«Colleen me dijo que actuaría con ella —dice Michael T.—, pero sólo por la manera en la que me lo describía, no me lo tomé en serio. Era como... ¿de veras? Como... ¿Un DJ en directo, dos bailarinas y Lady Gaga con pinta de reina del heavy metal?» El alias de Gaga apenas se le quedó, acostumbrado como estaba al panorama de los clubes de los noventa, cuando había «jovencitas» de veintinueve años por ahí con nombres como Pebbles y Desi Monster.

Michael T. consintió y contrató a Gaga —y a Lüc— para una Motherfucker en la que haría de DJ Moby, en el ahora desaparecido club Eugene, en la calle Veinticuatro, entre la Quinta Avenida y la Sexta Avenida.

La descripción del trabajo, según él: «Tener buen aspecto, invitar a amigos guapos y a grupos, beber, trabajar unas tres horas.»

No impresionó demasiado al portero Thomas Onorato. «Era amiga de mi amigo Lüc, que también era anfitrión esa noche —dice—. Ella era una de las anfitrionas promosexuales (así las llamaban) desde las ocho hasta las diez. Por entonces era morena. Es todo lo que puedo decirte, de hecho.»

«Recuerdo que estaba guapa —dice Michael T.—. Una especie de *stripper* heavy metal que saliera a pasarlo bien una noche. Llevaba un vestido largo, diría que rosa o salmón, con la espalda escotada.»

Aunque Gaga no parecía del panorama rock del centro de Nueva York, Michael T. entendió por qué quería estar en él. «De repente pasó algo» en Nueva York, dice. «El electroclash llevaba varios años fuera de juego.» Pero la música de Gaga estaba muy impregnada de ese estilo. Artistas de culto del electroclash como Felix Da Housecat y Miss Kittin habían escrito acerca de la cultura de la fama y los paparazis, tocando con la idea de ser superestrellas en un panorama que rechazaba tales cosas. Gaga también estaba influenciada por sus confusos ritmos sincopados, que aclararía y haría menos desafiantes y más agradables.

Las fiestas dance estaba substituyendo los conciertos de rock. Los jóvenes se desplazaban hacia la postura de no destacar y permanecer ocultos siendo elitistas y sentenciosos. Aunque aparentemente el panorama del centro de Nueva York estaba dispuesto a acoger a todos los *freaks* e inadaptados, no era así ni nunca lo había sido: tenías que ser la clase correcta de inadaptado... *cool*, o lo bastante *cool*. O, como en el caso de Gaga, amigo de gente *cool* que te ayudara, respondiera por ti y te permitiera ser su «+1» [su acólito] en el lenguaje de la vida nocturna.

Pero en todo había, y sigue habiendo, grados, como siempre ha sido en la ciudad de Nueva York. En el Lower East Side, saber dónde estaba el bar secreto más nuevo era bueno; tener su número era mejor; conocer al propietario y tener libre acceso al local bastaba para que uno confirmara su autoestima unas cuantas semanas, hasta que todos se enteraban y salía algún otro lugar supuestamente tan secreto y estúpidamente exclusivo como ése para reemplazarlo.

De manera parecida, no bastaba con estar enterado de un concierto de rock secreto; tenías que estar en la lista, estar al corriente no sólo de la fiesta de después del concierto, sino de la fiesta de después de la fiesta de después del concierto, y además debían colgar fotos tuyas con el grupo en LastNightsParty.* Era la época en que las superestrellas, los editores de la revista *Vogue* y las figuras inmaculadas de la buena sociedad empezaban a cortejar los jóvenes de las Mo-

---

* Página web que publica las fotos de quienes están a la última en el ambiente nocturno. http://www.lastnightsparty.com. (*N. de la T.*)

therfucker y las MisShapes y a dejarse aconsejar por ellos, y en que los jóvenes *cool*, comportándose al margen de la corriente dominante, de repente eran quienes tenían las llaves.

Las MisShapes era reuniones semanales que se celebraban los domingos por la noche en las que los *hipsters* se daban autobombo y celebraban su reputación en las calles, con música de DJ y bajo la supervisión de trasplantes suburbanos como Geordon Nicol, Leigh Lezark y Greg Krelenstein. Las MisShapes eran para los muy jóvenes; si tenías veintiséis era fácil que te sintieras demasiado viejo. A diferencia del panorama electroclash y las Mutherfucker, las MisShapes eran exclusivas; había mucho de a quién conocías y qué aspecto tenías, y desde luego no todo el mundo podía asistir. La lista de reproducción era lo más radical de estas fiestas: incluía música pop de la corriente dominante e intérpretes como Madonna, a la que nunca se oía en las reuniones de jóvenes *cool* del centro de Nueva York a menos que fuese con evidente ánimo de burla.

La apoteosis fue cuando Madonna preguntó si podía hacer de DJ (unos minutos) en una MisShape, en octubre de 2005. De las MisShapes llegaron a hacerse anuncios impresos de ámbito nacional para las mochilas Eastport, y Lezark es ahora una figura de primera fila en las semanas de la moda de París y Nueva York: tal es el alcance de la influencia de lo *cool* del centro de Nueva York a principios del siglo XXI.

Durante este tiempo, Gaga tenía dos confidentes. Lady Starlight era una de ellos. Wendy Starland era la otra. Ambas eran mayores que ella y estaban en condiciones de ayudarla profesionalmente, pero ninguna se sentía explotada. Querían ayudar y les encantaba salir con ella. Era divertida y dulce, generosa y, por lo general, estaba llena de vida, pero no temía mostrarse vulnerable y necesitada en lo tocante a su ansiedad por los chicos y por su carrera. Le encantaba hablar de sí misma hasta el punto de excluir casi todo lo demás.

«Salíamos mucho —dice Starland—. Íbamos a bares, a conciertos. Fuimos a ver la Filarmónica de Nueva York. Hablábamos por teléfono unas tres veces al día. Yo pasaba las Navidades con su familia. Ella dormía en mi casa y acudía a mí para que la aconsejara en lo personal.» Starland dice que a Gaga le costaba estar sola, que lo detestaba, que cuando dormía fuera no podía quedarse en la cama... era demasiado solitaria. Se metía en la cama con Starland, que asegura que sólo para tener compañía, nada más. «Era una lechuza, un ave nocturna, pero Rob la había convertido en una madrugadora.» Gaga solía pasarse por casa de Wendy por la mañana y le llevaba café y algo para desayunar.

Fusari, sin embargo, no aprobaba completamente aquella amistad. «No le gustaba que saliéramos juntas —dice Starland—. Temía que atrajéramos un montón la atención de los chicos o de cualquiera.» Todavía le pide a Starland consejo sobre su relación con Gaga.

Ya fuese por perversión, venganza o cobardía, a veces Rob llevaba a Jane a comer con las chicas. «La tensión se palpaba —asegura Starland—. Creo que Jane empezaba a sospechar y que había empezado a comprobar los mensajes de texto [de Rob].»

Gaga también comprobaba los mensajes de texto que Jane le mandaba a Fusari. Si él se iba del estudio un momento, ella salía disparada a registrar sus llamadas, y si encontraba un mensaje de Jane estallaba. Al final se calmaba y se daba cuenta de lo absurdo de la situación y le pedía perdón a Fusari.

Otra amiga de Gaga de aquel periodo se niega a hablar de Fusari: «Honestamente, no importa lo que te diga acerca de lo que sucedía entre ella y Rob, [porque] quedará mal —dice—. Pero ella no hizo nada incorrecto.»

Al mismo tiempo, Fusari y Starland querían que Laurent Besencon, mánager de Fusari, tomara a Gaga como cliente. Dijo que no. Su imagen era un problema. Ella y Fusari siguieron adelante. Colgaron versiones acabadas de *Paparazzi* y *Beautiful, Dirty, Rich* en MySpace. Gaga también recurrió a comprar espacio en PureVolume.com para aparecer de manera preferente durante un par de semanas. Fue una elección interesante; el sitio web está dedicado sobre todo a lo emo, que, sin ánimo de desmerecer, es un género que tiende a las quejas: acerca del mundo, de los padres, de los intereses románticos largamente no correspondidos, de los amigos, de uno mismo. Con su estética europea, dance y «que te den» chocaba frontalmente con el público del sitio web, que era la reina del baile del instituto jugando a Dragones y Mazmorras el viernes por la noche en el sótano suburbano mohoso de algún cretino o el paria social que se atreve a sentarse con los chicos guais en la parte trasera del autobús, dependiendo de tu forma de ver la vida.

«Me confundía mucho el tremendo empujón que le estaba dando PureVolume —dice Sarah Lewitinn, que en aquella época trabajaba en A&R y en Island / Def Jam—. Me parecía que tenía buena voz, pero costaba decir de qué iba. No sabía si intentaba decantarse por Michelle Branch, por una perspectiva a lo Paramore o qué. Tenía una estética completamente diferente de todo lo que salía en PureVolume, que no tenía nada de «David Bowie tendiendo a Madonna tendiendo a Britney Spears», que era en lo que ella acabó transformándose.

Gaga todavía seguía intentando descifrar su propio código de ADN artístico: sabía que —como todos los cantantes— necesitaba una imagen distintiva comercializable, fácilmente identificable. Pero no tenía ni idea de cuál.

Por mucho que después haya dicho que era una intrusa inadaptada con pretensiones artísticas, en realidad era una agradable chica católica del Upper West Side que no fue nunca una lectora apasionada, que compraba en tiendas caras y de buen gusto como Olive y Bette's y que sólo quería gustar a todo el mundo.

«Era una chica —le contó al biógrafo de su sello— con el nombre [de Britney] escrito en la cara, que lloraba en *TRL* [el show de la MTV] porque le había tocado la mano.» Su profesor de canto cuando tenía dieciséis años era Don Lawrence, que había trabajado para Mick Jagger, Bono y Christina Aguilera. «Los padres de Gaga siempre la habían hecho relacionarse con lo mejorcito —dice Sullivan—. Trabajaba siempre con él [con Don].» Hasta el día de hoy, viaja con una grabación de los ejercicios vocales de Lawrence.

Lawrence presentó a la joven Stefani al director del Disney Channel y le sugirió que hiciera una prueba para sustituir a la cantante de un almibarado grupo de chicas adolescentes llamado No Secrets, que aparecían conjuntadas en la cubierta de su álbum con vaqueros blancos y unas desafortunadas chaquetas con capucha bicolores. Las lanzó en 2001 la factoría de adolescentes Fordlândia, responsable de la explosión pop de 'N Sync / Britney / Christina Aguilera / Backstreet Boys en los años noventa, y que apostó primero por Aaron, el mordaz hermano pequeño del miembro de los Backstreet Boys Nick Carter, en los temas titulados con poca fortuna *Oh Aaron* y *Stride (Jump on the Fizzy)*.

«Me permitió conocer la industria discográfica —dijo Gaga del hecho de haber estado en la factoría de cantantes pop adolescentes—. Creía que se trataba de convertirse en Whitney Houston. Pero no te das cuenta de lo que conlleva hasta después.»

Mientras compraba espacio para su música, Gaga seguía actuando en tantos espectáculos en directo como podía, ahora tocando algunas veces como la Plastic Gaga Band. «Toqué en todos los clubes de Nueva York —dijo—, y de todos ellos la gente salió encantada. Lo hacía como se supone que hay que hacerlo: vas y tocas y pagas lo que debes y trabajas duro.» Por esa época, Besencon se convenció de que debía verla actuar en directo y lo hizo. Al final firmó para ser su mánager.

El éxito de difusión de los dos sencillos que había colgado en la Red se convirtió en su palanca para los sellos discográficos; era un éxito de ventas en el ciberespacio, así que, ¿por qué no tener una reunión con ella?

«Está perfectamente manipulada, casi genéticamente, para ser una estrella pop del siglo XXI», dice Eric Garland. Como director ejecutivo de BigChampagne.com, Garland es un experto en el consumo de música *online*; su compañía rastrea datos, incluidos los de las redes punto a punto de archivos compartidos, para todos los principales sellos discográficos.

Gaga, según él, «es un increíble animal social según la nueva definición de lo social. Es una especie de promiscua. No me refiero a promiscua como Ke$ha, sino a socialmente promiscua *online*». (Ke$ha es la cantante pop con pinta de vanguardista del parque de caravanas, que hace cuanto puede para que la comparen con Gaga.) Pero fue la comprensión innata de cómo crear y cultivar una identidad *online* de Gaga —y su sentido de la comunidad que formaba con quienes le respondían— que logró, tanto como el sello principal, catapultarla a la fama mundial. Posteriormente cultivaría el apoyo del bloguero Perez Hilton, en cuya página, en abril de 2010, ocupaba el lugar 192 en el *ranking* de los sitios web más visitados de Estados Unidos y el lugar 517 del mundo entero.

Por lo que respecta a las discográficas con sede física, los prosaicos grandes sellos, Gaga se llevó un montón de negativas. Le decían que no tenía la imagen necesaria, que no intuían ningún éxito de ventas en su trabajo. Ella no dejó de intentarlo. Quiso conseguir un contrato de publicación (básicamente un contrato para escribir canciones que vender a otros artistas) con Irwin Robinson, su antiguo jefe en Famous Music. Le dijo que no. Intentó firmar un contrato con la Sony/ATV y la rechazaron. Su reunión en la Sony/ATV, según una fuente, fue con Danny Goldberg, que había sido mánager de Nirvana y había llevado tres sellos importantes. Estaba allí con Fusari, lo que podría haberle conferido un cierto respeto, pero Gaga se encontró con que Goldberg no escuchaba ni una sola palabra de lo que ella le decía, que no podría haberle dejado más clara su falta de interés. Se marchó de la reunión furiosa, gritándole a Fusari que nunca firmaría con la Sony/ATV. Luego se dirigió a las oficinas de la Island Def Jam, en Manhattan, a dar una audición, a finales de 2006.

Una empleada de la Island Def Jam recuerda que vio a Gaga por el pasillo: «Me recordó a Julia Roberts en *Pretty Woman* —dice—. Pero vestida con ropa de American Apparel.»

Lo que sucedió esa tarde en la Island Def Jam ha pasado a formar parte del mito de Gaga. Incluso una de sus amigas más íntimas de entonces —que no estaba presente pero se enteró de la audición por Gaga inmediatamente después— lo cuenta del mismo modo. Gaga cantó y tocó el piano para un puñado de ejecutivos. Vio por el rabillo del ojo que uno se levantaba y se marchaba. Le entró el pánico, pero viéndola nadie lo hubiera dicho. Prosiguió su actuación y, cuando terminó, levantó la mirada y vio al jefe de la discográfica, Antonio *L.A.* Reid en la puerta. Le dijo: «Procura ser legal cuando nos dejes.» En la industria eso significa: «Estamos firmando un contrato contigo.»

Las cosas no fueron exactamente así, según alguien que estaba en la habitación. Su cita ese día era con el propio Reid: «Entró en la oficina de *L.A.* —dice esta fuente—. Un par de minutos después, alguien me preguntó si quería ir a ver a Gaga actuar en la oficina de *L.A.*»

También estaban en la habitación Josh Sarubin, futuro artista e integrante del repertorio de Gaga; la vicepresidenta Karen Kwak, mano derecha de Reid, y unos cuantos más. Reid tenía una pequeña habitación fuera de su oficina, de unos tres metros cuadrados, equipada con un piano vertical. Allí fue donde actuó Gaga.

«Se sentó al piano y se presentó —dice la fuente—. Luego se puso a tocar. Tocó *Beautiful, Dirty, Rich* y algunos otros temas. Era asombrosa. No cabía duda: al minuto de verla tocar su instrumento sabías que era especial. Pero el caso es (y no soy la única que lo piensa) que no recuerdo en absoluto las canciones, porque en todo aquel rato no pudimos apartar los ojos de su culo. Llevaba uno de esos escasos vestidos ajustados. Se movía hacia delante y hacia atrás y todo lo que veías eran sus nalgas subiendo y bajando, casi como en un columpio. Todos mirábamos a nuestro alrededor sonriendo de oreja a oreja, mirándole el culo.»

Después de su breve actuación, se dio la vuelta para mirar a Reid y esta parte de la historia no contradice el mito. Dice la fuente: «L.A. simplemente le dijo: "Quiero que bajes a la oficina. Te ofrecemos un contrato. No te marches del edificio hasta que lo hayas firmado."»

Gaga se reunió con el abogado del sello discográfico y cuando tuvo uno propio, éste le preguntó quién llevaba el asunto por parte de la discográfica y le dijo que el contrato de la Island Def Jam sería importante... habían encargado el asunto a uno de sus mejores abogados.

«Ella dijo: "Seguiré el resto de mi vida con este abogado; eso nunca cambiará" —dice Starland. Y añade—: Su abogado ya no es su abogado. Lo que sería un tema común.»

Su contrato, según Gaga, era cuantioso: les dijo a los amigos que había firmado un contrato con la Island Def Jam por 850.000 dólares. Jim Guerinot, que es mánager, entre otros de Nine Inch Nails, No Doubt y los Offspring, dice que es imposible que Gaga firmara por una cifra cercana a esa cantidad.

«No me lo creo —dice—. Es ridículo. Dar a una desconocida tanto dinero y distribución... ¿no? Artistas de mucho éxito pueden de vez en cuando conseguir un contrato de esa naturaleza. En el caso de los nuevos artistas es completamente inaudito.»

Una persona que estaba en la habitación para la firma y vio el contrato insiste en que 850.000 dólares era su importe exacto, y fueron los recientes y notables éxitos de Fusari con Destiny's Child y Jessica Simpson que le aseguraron a Gaga un contrato tan sustancioso. Pero otro veterano de la industria dice que él también encuentra un contrato por una suma tan elevada más que bastante improbable.

«Poquísimas veces en los últimos diez años ha habido artistas que obtuvieran un cheque por más de 500.000 —dice—. Cuesta mucho creer que una artista cobre 850.000 por un álbum. Desconozco los términos... hay muchos factores. Puede que fuera un contrato por cinco álbumes.» La participación de Fusari puede haber sido de ayuda, según él, pero ni siquiera la reputación del productor se hubiera traducido en una cantidad tan elevada de dinero. «Pero ¿sabes? —añade—. He visto malditas locuras. Hay algunos abogados agresivos de Nueva York capaces de conseguir esa cifra.»

Fuera cual fuera la cantidad pactada, había que dividirla. Ella, Joe y Fusari habían fundado juntos una productora, y era esa empresa, no Gaga, la que técnicamente firmó con la Island Def Jam.

Además del trato 80-20 con Fusari, su nuevo mánager, Besencon, se llevaba un veinte por ciento de todo. Starland, que había descubierto a Gaga y era coautora de sus canciones, tenía sólo un acuerdo verbal: también recibiría una parte de cualquier futuro contrato, y no se alegró cuando Gaga le ofreció darle sólo los derechos de autor; Starland sólo podría cobrar si algo de lo que había escrito acababa grabándose. Starland dijo que Gaga también le ofreció pagarle 10.000 dólares de honorarios fijos.

«Dije: "Muy amable, pero puesto que Laurent lleva en esto muy, muy poco tiempo y yo me he ocupado de su desarrollo, me parece que me merezco al menos la mitad que Laurent... el diez por ciento, y parte de los derechos de dos de las canciones" —recuerda Starland—. Y ella dijo: "Eso es totalmente justo."»

Al cabo de unos días, Starland dice que estaba sentada en un restaurante del Upper West Side con Gaga y Fusari para tratar los términos del acuerdo. «Él dijo: "Wendy, llegaremos a una solución justa y equitativa... esto no habría sido posible sin ti." Y yo dije: "Estupendo, así que ¿puede mi abogado estar en contacto?" Y él: "Desde luego."»

Ahora que tenía un contrato, Gaga tenía que perfeccionar su técnica teatral y su imagen cuanto antes. No podía permitirse un estilista y, como no tenía buen ojo, seguía confiando en el estilo «pornochic *hipster*» de American Apparel. Eso la hacía parecer abierta y francamente sexual, pero no atrevida ni extravagante.

Así que empezó a experimentar con diversas imágenes para salir al escenario, lo que significó principalmente actuar en sujetador o con la parte de arriba de un biquini. Todavía era joven, sólo tenía veintiún años, y no le habían presentado como es debido a los personajes públicos, mayoritarios o de culto, de los que posteriormente se apropiaría con tanto éxito. Sin embargo, Gaga se dedicaba a hacer un poco de historia revisionista y hablaba de sus «seguidores *underground* de Nueva York».

«Los espectáculos, en esa época, eran arte transgresor —dijo—. Yo era la Damien Hirst de la música pop, por hacer algo tan ofensivo. En aquel barrio de drogadictos y metaleros... ¿cómo conseguir que vinieran a escuchar música pop? Me quito la ropa, uso un montón de laca y escribo canciones sobre el sexo oral.» Cabe hacer notar que en el centro de la ciudad de Nueva York, en 2007, absolutamente ninguna de esas conductas hubiera sido considerada escandalosa. Quizá pintoresca. O un buen intento.

Por aquella época, Gaga se hizo amiga de una chica de su edad que quiere permanecer en el anonimato; trabajaba para una pequeña editorial de música y estuvo seis o siete meses saliendo cada dos por tres con Gaga. «Una noche, estaba actuando en el Bitter End y quería encontrar una camisa y se fue en metro a Queens a buscarla, tal como lo oyes —dice la amiga—. Era divertida. Llevaba una de esas camisetas sin mangas [una musculosa] pero por vestido. Y no era de American Apparel... era como de Hanes.* Y acabó encontrando la joya que buscaba. Le decíamos: "Stefani, ¿qué estás haciendo?" Estuvo a punto de perderse la actuación. Decíamos: "Esta chica va a ir hasta Queens a buscar una joya." Todo en ella era alocado y original.»

---

* Una tienda de ropa cómoda. *(N. de la T.)*

4

El arte de la apropiación

Gaga continuó promocionándose por toda la ciudad, intentando que la contrataran en clubes y para fiestas. Su éxito, como de costumbre, no cuajaba. «Recuerdo que solía llamar y preguntar a la gente, porque nos llamó», dice Ladyfag, un personaje de la vida nocturna de Nueva York, que por esa época estaba, junto con el conocido Kenny Kenny, detrás de una fiesta llamada Sebastian. Tiene problemas para recordar exactamente cuándo fue eso, pero dice que las actuaciones de Gaga estaban generando revuelo, así que la contrató.

«Eran ella y otras dos chicas —dice Ladyfag— y ella llevaba un sujetador y unas bragas de cintura alta llenas de espejos. Fue el hazmerreír. Todo el mundo se burlaba: "¿Quién se ha creído que es para presentarse así?"»

Dicho esto, Gaga, en opinión de Ladyfag, estuvo estupenda. «Interpretó tal vez tres o cuatro canciones, una de ellas fue *Boys Boys Boys*. Estuvo fabulosa. Fue una actuación magnífica.» Ladyfag, en contra de lo que se dice, asegura que Gaga no iba a los clubes gais, ni para actuar ni como clienta. (En Nueva York, los clubes gais llevan mucho tiempo siendo lugares donde se lanzan tendencias y carreras.) Cultivar activamente un público de seguidores gais como intérprete implica dos cosas: tienes una mente abierta y no discriminas a los demás y sabes que los admiradores homosexuales no sólo tienden a ser increíblemente leales, sino que suelen ir a la cabeza de lo que se lleva.

«No tengo nada malo que decir de ella, pero intenta crear todo un mito con eso —dice Ladyfag—. No es que fuera una chica que se marcha de casa y frecuenta todos los clubes gais, eso no es cierto, qué va. —Se ríe—. No es verdad. Asistió a unas cuantas fiestas gais, pero eso fue después de que saliera su álbum. Antes de hacerse realmente famosa.»

No es fácil decir hasta qué punto la creación del mito ha contribuido al éxito meteórico y mundial de Gaga. Pero está claro que su música, tan arreglada y accesible, no es en absoluto de vanguardia. Por talentosa que sea, nunca hubiera logrado destacar sin la extravagancia. «Fundamentalmente no ha sido la música, una mezcla electro-soul, que ha hecho a Lady Gaga famosa a pesar de sus felizmente modestas aspiraciones», escribió Jon Caramanica, del *New York Times* en una reseña sobre la primera gran actuación en Nueva York de Gaga, en la sala de conciertos Terminal 5, seis meses después de que saliera al mercado *The Fame*. Llamó a su música «un inodoro, incoloro y casi innecesario aditivo para el espectáculo de Lady Gaga».

En un artículo sobre *The Fame*, en el periódico del Reino Unido *Guardian*, el crítico Alexis Petridis la ridiculizaba por considerarse fantásticamente única, tanto musical como estéticamente. El éxito [de Gaga], escribió en su artículo de enero de 2009, «parece haber llevado a Lady Gaga a sacar algunas conclusiones exageradamente optimistas acerca de su propia originalidad: "Desafío todos los prejuicios que tenemos sobre los artistas pop", le dijo hace poco a un periodista, al parecer con la seguridad de que tiene un lugar en los libros de historia como la primera cantante del mundo que ha interpretado pop con influencias de R&B con sintetizador. "Estoy muy a la moda", aclaró. Por lo visto todas las cantantes que previamente han interpretado pop de sintetizador con reminiscencias de R&B se vestían con lo que pillaban aleatoriamente entre los artículos en venta a mitad de precio de George at Asda».

Y en una época de cultura de confesionario, en la que la «realidad» aparece rutinariamente en tabloides, por televisión o en la Red, y en la que vemos regularmente, como ella dice, «leyendas sacando la basura», Lady Gaga consiguió irrumpir en la escena de la música pop como una entidad completamente formada. Aparte de esos pocos clips de actuaciones en Internet, no hay trazas de la chica a la que Fusari conoció, y muy poca documentación sobre el desarrollo de Gaga.

De hecho, dada la naturaleza precocinada de su sonido, resulta todavía más increíble que Gaga venda ediciones numeradas de dance como mini revoluciones del soul y una revolución mayor en el rumbo de la música pop. Es una verdadera hazaña interpretativa.

«Hizo un trabajo brillante reinventándose a sí misma como un espectáculo visual desnudo respaldado por unas composiciones verdaderamente sólidas», dice Tony DiSanto, presidente de programación y desarrollo de la MTV. Está con Liz Gateley, la vicepresidenta de desarrollo de series de la cadena y el cerebro que hay detrás de *The Hills*, en su oficina de Times Square. La habitación, como el propio DiSanto, es acogedora y sin pretensiones. Hay unas cuantas fotografías enmarcadas y varios discos de oro, pero en un lugar bajo, sobre el alféizar de la ventana. Domina la oficina, de tamaño medio, una pantalla plana enorme de televisión, situada entre un sofá de cuero negro y el escritorio de DiSanto. Él, con vaqueros azules y una camisa blanca, se sienta con un tobillo sobre la rodilla opuesta.

«Cuando empecé a oír el revuelo, fue por boca de personas que charlaban a través de Facebook. Nunca olvidaré su primera gran actuación aquí, en Nueva York», el 2 de mayo de 2009, el concierto de Terminal 5. DiSanto —un cuarentón, aunque su espeso pelo negro y su natural exuberancia le dan un aspecto mucho más joven— no estuvo allí, pero recuerda «una explosión» de textos y mensajes de gente de la industria que sí que la vio.

«Me recordó cuando Guns N'Roses dio ese concierto en el Ritz, en 1988 —que fue un especial de la MTV en Nueva York—, y de repente todo fue como si acabáramos de ver el segundo advenimiento del rock. La explosión de Gaga en los medios sociales fue, en mi opinión, la versión del *show* de Guns N'Roses de esta generación.»

Sólo hay otros dos intérpretes en la memoria reciente que se hayan hecho mundialmente famosos vía Internet: Susan Boyle, la sensible solitaria y explotada con brillantes resultados por Simon Cowell & Co., y Justin Bieber, el adolescente canadiense con un casquete asimétrico de pelo castaño y ojos lánguidos. Gaga, sin embargo, «creó un factor de revuelo sobre sí misma antes de que hubiéramos siquiera visto una imagen suya», dice Liz Gateley. Gateley, como DiSanto, es cuarentona, pero ella también, con su pelo rubio, delgada y de modales cálidos, parece la eterna veinteañera.

«Hace un año y medio —prosigue— mi cazatalentos vino y me dijo: "Tienes que hacer algo con ésa." El revuelo era enorme, pero su imagen todavía no había alcanzado a las quinceañeras corrientes de Iowa.» Gateley y DiSanto dicen que sabían que no se trataba de si Gaga iba a triunfar, sino de cuándo lo haría. Iniciaron una serie de conversaciones con los suyos acerca de realizar un documental que les sirviera adecuadamente de plantilla: *En la cama con Madonna*. Entonces, según Gateley, su fama se disparó. Pasó de ser una absoluta desconocida a la fama absoluta, tan rápido que la cadena de televisión perdió la oportunidad. «Ni siquiera tuvimos tiempo de sentarnos a hablar del proyecto con ella», dice Gateley.

Gaga se convirtió, de la noche a la mañana, en algo completamente original y al mismo tiempo en una mezcla andante de las más grandes estrellas pop andróginas del siglo XX: los ya mencionados Bowie, Madonna y Prince. Para el urbanita sofisticado que consume cultura pop, hay referencias más profundas y más provechosas, como arroyos que desembocan en los afluentes. Ahí está el artista visionario, promotor y dandi Leigh Bowery, y el actor y cantante Klaus Nomi, provocadores y fuente de material para los similares Boy George (Bowery) y David Bowie (Nomi).

Sobre todo Bowery, con su cara blanca de *kabuki*,* los labios negros muy exagerados y el cuerpo relleno agresivamente distorsionado por prendas dolo-

---

* Una forma de teatro japonés tradicional que se caracteriza por la estilización argumental y el uso de complicados maquillajes por parte de los actores, que utilizan polvo de arroz para crear la base blanca sobre la que se aplican otros colores. *(N. de la T.)*

rosas —algo hecho a propósito para que costara mirarlo; a veces ni siquiera parecía humano—. Como Bowery y Nomi hacían, Gaga logra que cueste mirarla. Se pasó el primer año de fama escondiendo la cara, y todavía lo hace en ocasiones. Puede ser un ataque visual tal, que tienes que esforzarte para descifrar qué le oculta la cabeza. En los Video Music Awards de la MTV de 2009, por ejemplo, llevaba un minivestido rojo de encaje que le subía por el cuello y la cara como una especie de parra de alta costura fuera de control: una alusión directa a la misma imagen del desfile de moda otoño-invierno 1998-1999 del diseñador Alexander McQueen. (McQueen se apresuró a vestirla y le dio libre acceso a sus archivos. Ella se vistió de pies a cabeza con piezas de una de sus últimas colecciones y se hizo famosa por sus desmesurados zapatos «armadillo» de lentejuelas en el vídeo de *Bad Romance*.)

Gaga profundizará un poco más tanto en Bowery como en Nomi, con la trágica imagen de la artista casada con el arte, que siempre fracasa en el amor, intermitentemente hastiada por el sexo indiscriminado pero que confía en la adulación del público para vivir y dedicada a ese público por encima de todo. Suele asegurar que es soltera y célibe, pero en el momento de escribir esto tiene una relación con su estilista, Matt Williams, y la tiene desde hace algún tiempo. «Cuando os sentís solos —dice a su público en la corta filmación que se proyecta al final de su actual espectáculo, con la cara crispada y desencajada— yo también me siento sola.» Es un mensaje conmovedor en esta época de falsa intimidad, de tener quinientos amigos en Facebook a los que uno nunca llegará a ver y miles de seguidores en Twitter a quienes uno nunca llegará a conocer.

La actual lista de influencias de Gaga es larga e interdisciplinaria, y aunque ella asegura que todas son sus favoritas, quienes la conocen bien dicen que nunca la han oído hablar de las más esotéricas. La gente y las cosas que siempre cita, según estos últimos, tienen poco de esotéricas: Andy Warhol, Chanel, Donatella Versace. Del mismo modo que sus amigos del instituto y de la facultad atestiguan que era una adolescente normal, bien integrada, con los mismos intereses que la mayoría, quienes más adelante le preguntaron a Gaga sobre sus puntos de referencia vanguardistas, se encontraron hablando con una chica desconcertante.

«Puede hablar de Warhol y Bowie y Grace Jones... ésos eran sus temas de conversación», dice el periodista Jonah Weiner, que entrevistó a Lady Gaga para un artículo de portada de la revista *Blender* en febrero de 2009 (no llegó a salir, porque la revista dejó de editarse). Según él, sin embargo, cuando insistió en la pregunta: «Notabas que no tenía una respuesta preparada y que se volvía cautelosa. Veías que su incomodidad iba en aumento. Le pregunté acerca de Warhol y me dijo: "Él creía que la cultura pop podía ser verdadero arte y yo creo lo mismo." Y cuando le pedí que me lo aclarara, no supo.»

Cuando sacó a colación la controvertida película de 1974 *Portero de noche*, protagonizada por Charlotte Rampling, que hace el papel de una superviviente de un campo de concentración que inicia una relación sadomasoquista con el nazi que la había torturado —a la gente que está a la última le encanta esta película, tal vez por lo transgresiva que es, pero probablemente por la escena en la que Rampling aparece tremendamente chic, con unos pantalones a medida con tirantes y sin camisa—, dice Weiner que Gaga estaba muy floja en el tema. Le preguntó sobre el tema de la película, acerca de la idea, según él, «de la víctima que se enamora de quien la atormenta. [Para ella] se trataba más de lo sexy que estaba Charlotte Rampling». (Hay una pregunta que Weiner, que se encontró con que Gaga, a pesar de la mala opinión que él tiene sobre su música, le agradaba, lamenta haber omitido: «No sé por qué no le pregunté el motivo de que se dedique a esa eurobazofia house», dice, entre carcajadas.)

En esto, también, Lady Gaga es obviamente un producto de la era de Internet. Ya no hacen falta tenacidad ni trabajo preliminar, ni viajes infructuosos a tiendas clásicas de vinilos o de revistas (que han dejado prácticamente de existir). Ahora basta con buscarlo en Google o en Wiki o bajárselo al iPod y adentrarse en la madriguera de referencias... y no es nada malo. Pero tiende a dar como resultado un saber simplista acerca de personajes y arte y movimientos otrora crípticos, y este tipo de conocimiento tan superficial, si se hace pasar por profundo, puede resultar una afrenta. Una poco preparada Lady Gaga asegurando una profunda afinidad con figuras contraculturales de hace décadas, no va con los periodistas especializados en música, críticos y obsesivos, cuyos intereses externos tienden a reflejar su alienación interior.

Gaga no era tan entendida como cabía esperar en la entrevista de 2009 de la cadena Fuse. El periodista Touré la pilló en falta cuando le preguntó: «¿Sabes lo que significa "Strong J"?» «¿Strong J?», preguntó ella. «Me refiero a Grace Jones», dijo Touré, y Gaga se rehízo rápidamente: «Sí, sí, Grace es una gran inspiración para mí.» Jones no está impresionada: «Bueno, ¿sabes?, he visto que lleva algunas cosas que yo llevo —declaró hace poco para el *Guardian*—, y me cabrea.» (El segundo álbum de Jones, dicho sea de paso, se titulaba *Fame*.)

De la cantante alemana Nina Hagen y Dale Bozzio de Missing Persons, Gaga se hizo con una sexualidad ruda y agresiva que nunca se interpreta como sexy en realidad. (Hay fotos de Bozzio con una imagen indistinguible de la de Lady Gaga.) De Peter Gabriel, Leigh Bowery y Boy George se quedó con la pintura facial blanca de *kabuki*. De la estrella pop islandesa Björk —que vive con el artista Matthew Barney y para quien un por entonces desconocido McQueen diseñó la cubierta de su álbum *Homogenic* en 1997— se quedó con el futurismo estético y la impresión de que ella también recibe transmisiones de otro planeta de forma rutinaria. (En 1995, cuando Björk estaba alcanzando la cima de su creatividad, Madonna se apropió directamente de la cantante islandesa —con los quimonos y los ritmos tecno de la era espacial—, filmando un vídeo alucinante para *Bedtime Story*, un sencillo que encargó a la propia Björk, la cual, según se cuenta en la industria, al principio escribía letras criticando la falta de originalidad de Madonna.)

Sigamos. De Marilyn Manson y Alice Cooper, Gaga se quedó con el maquillaje de terror, la androginia y el montaje de que ella es Lady Gaga 24/7, que ese álter ego subsume su antigua identidad, que nunca libra. (Esta última idea también está sacada de Prince.) Copió el sonido de Gwen Stefani y la ha citado como una gran fuente de inspiración: «[Gwen] se pintaba los labios de rojo desde el principio y nunca dejó de hacerlo —dice Gaga—. Me parece tan impactante. Su fama radicaba en su boca. Todavía no sé dónde radica la mía... si en mi vagina o en mi pelo.»

De Liza Minnelli y Judy Garland, se quedó con la propensión a las baladas recargadas y lo trágico de la cantante demasiado maquillada y frustrada en lo sentimental, amada fundamentalmente por gais. De Bette Midler, se quedó con la técnica escénica y el vestuario escandalosos, el triunfo tácito de la imagen poco convencional de desvalida y diva que no sería nada sin los gais. De Isabella Blow, la última musa de la moda británica que descubrió McQueen, se ha quedado con muchos imborrables *looks*, casi con todos. Gaga, como se ve, no ha sido la primera mujer que se ha puesto un sombrero langosta. (McQueen y Blow se inspiraron en la colaboración de 1937 entre Elsa Schiaparelli y Salvador Dalí, que dio como fruto su famoso vestido con una langosta estampada.)

No está claro quién despertó su gusto por Bowery y Nomi, figuras crípticas de la cultura pop que nunca alcanzaron la fama que tanto deseaban, pero cuyo arte, estética y actitudes fueron explotadas, con más y más efecto, por sucesivas generaciones. Nomi, que murió de sida tres años antes de que naciera Gaga, era un alemán expatriado en Nueva York, un cantante de ópera que también interpretaba canciones pop. Actuaba en el Mudd Club, en Max's Kansas City y en Danceteria, y cultivaba la misma silueta exagerada —con hombreras aerodinámicas que creaban el efecto de un torso en forma de triángulo invertido— que Lady Gaga acabaría por adoptar.

Weiner dice que, durante su entrevista con ella para *Blender*, se refirió a Nomi, aunque sólo habló de él en líneas generales. No atribuyó a Nomi concretamente el mérito de su imagen [la de Gaga]: «Dijo: "En mis conjuntos aparecen un montón de triángulos. Me gusta la presentación fálica." Realmente disfrutaba de hablar de la semiótica de sus conjuntos; se aplicaba mucho en el modo de vestirse con el fin de ser ese símbolo pop/sex pronto a ser devorado. Pero no quería suavizar su imagen; quería ser incisiva, metérsete por la garganta», recuerda el periodista.

Otra idea que sacó de Nomi: la presentación del artista como un engaño. En el documental de 2005 *The Nomi Song*, un admirador explicaba que el atractivo de Nomi tenía que ver con «el culto al puro artificio y a la alienación en una cultura que está obsesionada con la autenticidad».

Madonna, por supuesto, dominaba esto hace años. Es de ella de quien Gaga lo ha copiado casi todo: la provocación sexual y cultural que hace que su música pop genérica sea mucho más interesante; la constante invocación, hecha muy en serio, de «mi arte»; el cultivo de un público gay y el activismo a favor de su causa; el incesante reinventarse y reencarnarse. Al final de *En la cama con Madonna* (1991), la cantante está en el escenario, interpretando uno de sus números más mediocres —una canción insulsa sobre la familia llamada *Keep It Together*—, pero hace alusiones anacrónicas y contraculturales y usa tópicos de autoayuda.

Tanto Madonna como Gaga beben de diálogos y vestuario de la película hiperestilizada y controvertida de Stanley Kubrick *La naranja mecánica*, sobre la violenta y elegante juventud que hace locuras en Londres. En su interpretación, Madonna lleva un sombrero hongo negro idéntico al que usaba Malcolm McDowell en la película, y cita su característico eufemismo para referirse al sexo: «Un poco del viejo mete-saca, mete-saca.» Gaga estuvo tocando antes del inicio de su espectáculo la famosa partitura del film, y lo hizo durante dos años, pero aseguraba que lo había sacado de Bowie, no de Madonna.

Ambas disfrutan dando asesoramiento motivacional.

«Lo más importante, nunca dudéis de vosotros mismos», dice Madonna a la multitud.

«Tenéis que quereros para tener éxito —dijo Gaga a la multitud en abril de 2010, en Japón—. Eso es lo que yo hice.»

«Siguió el camino de Madonna —dice Gateley, de la MTV—, pero lo ha hecho incluso con más brillantez. Madonna cambiaba de imagen al año o cada dos años. Lady Gaga cambia de imagen todas las semanas.»

Una de las críticas que constantemente se le hacen a Lady Gaga es que es demasiado hábil y calculadora para ser tan loca como demuestra. «Gaga no es rara», escribió Sasha Frere-Jones en su artículo del 27 de abril de 2009 para el *New Yorker*. Elogiaba el talento de la cantante y su inteligencia y predijo con acierto que *The Fame* sería el mayor éxito de 2009, pero desestimaba por absurdo que tuviera influencias, como ella sostiene, del comunismo o de Rilke: «No encontrarás a Marx ni a Rilke en absoluto en su música.»

Frere-Jones tenía razón en cuanto a lo de los comunistas: suena *cool*, pero no es un tema de su trabajo. Tampoco estaba equivocado en lo de Rilke, aunque Gaga ha manifestado su gusto por el escritor. Ha dicho que su «filosofía de la soledad» le es afín y, en agosto de 2009, durante una gira por Japón, se tatuó una cita de las *Cartas a un joven poeta* de Rilke en la cara interna del brazo izquierdo: «En la hora más callada de la noche, reconózcase que moriría si le prohibieran escribir. Y mire en lo más hondo de su corazón dónde está la raíz de la respuesta, y pregúntese: ¿Debo escribir?» La fotografiaron enseñando la tinta fresca, por la calle, con una larga peluca rubia con mechas púrpura y rosa.

Su agresiva rareza engendró un divertido *post* titulado: «¿Por qué nos cuesta tanto que nos guste Lady Gaga?» en la página web de la revista *New York*, que, por gracioso que parezca, tuvo reacciones encontradas.

«Sigo teniendo la impresión de que es una quiero y no puedo con pretensiones —fue uno de los comentarios—. Un pastiche de todas y cada una de las cantantes rubias del pop conocidas de los últimos tiempos, sin olvidar a Donatella Versace... Carece de genuino misterio y se para a calcular cualquier movimiento. ¿Llevar ropa de Hussein Chalayan, hombreras exageradas y pelucas le da auténtica credibilidad?»

«Cuesta que me guste porque no creo que sea una auténtica excéntrica —fue otro de los comentarios—. Intenta con ahínco seguir ese camino, se pone cosas que ya se han puesto otras (Dios mío, incluso alguien tan común como Beyoncé se pone "alocados" vestidos metálicos). ¡Y esa gilipollez de llevar una taza de té a todas partes es un intento tan calculado de llamar la atención! En la entrevista que le hizo Jonathan Ross la semana pasada, donde intentó reivindicar el hecho de incendiar laca como una artista de performance, fue en cierto modo controvertido.»

Uno que disentía: «Me gusta Lady Gaga. Ver sus vídeos musicales es divertido cuando estoy en la máquina elíptica. Y me gusta su estilo, independientemente de que sea calculado o le salga completamente de dentro. Si más estrellas y aspirantes a estrellas del pop hicieran el esfuerzo de presentarse como únicas y excéntricas, la cultura pop sería más interesante.»

Y un comentario de alguien seguro de cómo acabará todo: «¡Es de Yonkers con falso acento europeo! Puede que tenga talento, pero ha hecho un montaje para parecer la chica que no lleva bragas y que hace canciones para que yo las baile cuando estoy borracho en el club. La fachada se desmoronará en un año o dos como pasa con todas.»

En 2008, cuando acababan de firmar para Island Def Jam, Gaga y Fusari viajaron a Miami para encontrarse con Tom Lord-Alge, un productor y mezclador ganador de un Grammy. Querían que mezclara su *Beautiful, Dirty, Rich*. Gaga y Fusari opinaban que tenía el potencial para ser su primer sencillo, pero no tal como estaba. Starland recuerda que dudaba, pero en cuanto Lord-Alge se hizo cargo del tema, supo que era un aspirante claro. «Creó cortes en la canción que la mejoraron mucho —dice Starland—. Hizo un trabajo asombroso.» En cuanto a la relación personal entre Fusari y Gaga, según Starland, «estaban muy, muy unidos en aquella época. Tremendamente unidos. ¡Estaban tan emocionados cuando volvieron!».

No mucho después, Island Def Jam rompió con Gaga. «L.A. Reid escuchó *Disco Heaven* y *Beautiful, Dirty, Rich...* los escuchó e hizo el gesto de cortarse el cuello con un cuchillo y la despidió», cuenta Brendan Sullivan.

Una fuente sigue perpleja, a día de hoy, por la decisión de romper con ella: «Cuando entraba en la oficina, era una locura.» Josh Sarubin era su mayor defensor, que la colaba en las reuniones. Él, según Starland, estaba desconcertado por la decisión de echar a Gaga. «Josh estaba en una reunión de A&R. Estaban enumerando actuaciones que habían eliminado aquella semana: "...y Lady Gaga", dijeron. Se enteró, delante de todos los reunidos, de que la habían echado sin que L.A. Reid se lo hubiera dicho siquiera a él.»

Una fuente opina que Reid no entendía cuál era el público de Lady Gaga: «Cuando llevas un sello discográfico, quieres estar muy familiarizado con la audiencia a la que vendes tu música, y quieres estar al mismo nivel al que tu artista intenta llegar. Hubiera sido un perjuicio tenerla sin saber cómo comercializarla adecuadamente. Si se hubiera quedado en Island Def Jam con alguien que no entendía verdaderamente su visión, no le hubiera ido tan bien.»

Sullivan está de acuerdo. Dice que si se hubiese quedado con IDJ, se hubiera abierto un hueco en el mercado, sobreviviendo apenas. «Me encanta La Roux —el grupo que tiene por líder a la andrógina cantante Brit, con un sonido similar al de Gaga, aunque tiene menos voz y más susurrante—, pero Gaga hubiera sido básicamente como La Roux. Hubiese actuado en la tercera mayor sala de conciertos de montones de ciudades... como el Bowery Ballroom de Nueva York. No hubiera sido Lady Gaga, y sus canciones hubiesen carecido de la madurez que está alcanzando y que las hace tan atractivas.»

Por supuesto, para Gaga no fue fácil ser tan filosófica ni tener esa visión de futuro. Merece que se le reconozca que lo intentó.

Su vida íntima también era un desastre.

«Su relación con Rob se volvió bastante esporádica —recuerda Starland—, y empezó a enrollarse con Lüc. Era muy mono y ella solía ponerse muy nerviosa cuando lo veía. Decía: "¡Oh, Dios mío, Wendy! No sabes lo nerviosa que estoy, es una gran oportunidad, es camarero aquí, está 'en el candelero'. —Se ríe entre dientes—. Era Lüc *En-el-candelero*."»

Después de los dos disgustos, el de que la echaran de la discográfica y el de darse cuenta de que Fusari no era una opción, Lüc fue un buen entretenimiento. Tuvo una confrontación traumática con la prometida de Fusari, que preguntó a bocajarro a ambos si podía confiar en que seguirían juntos únicamente ellos dos [Jane y Fusari]. Los dos [Fusari y Gaga] le respondieron que no, y Jane le dijo a Gaga: «No eres una amiga.» Fusari empezó a dormir en el sofá de su estudio y habló de mudarse con Stefani a Nueva York. Starland opina que a Gaga la situación de Fusari le pareció de repente demasiado complicada. Sullivan opina que ella no quería tener nada más que ver con él: «Ya ves la diferencia de edad que hay entre ella y Fusari. No se entiende que estuvieran juntos.»

Lüc, en comparación, estaba como un tren, era popular y la escogió a ella. Aquello hinchó su ego, aunque él no solía tratarla demasiado bien.

Los amigos de Gaga por esa época dicen que aunque Lüc y Gaga eran sin duda pareja, Lüc no le era fiel. Además la menospreciaba, burlándose de sus gustos musicales, diciéndole que se dejaba dirigir demasiado. Su comportamiento desagradable inspiró algunos de los sencillos más divertidos —y más grandes— de *The Fame*. La mayoría no los escribió Gaga hasta que hubieron terminado su relación, e incluso entonces hubo que insistirle para que lo hiciera. Al principio, dice Sullivan, le daba miedo: «Decía: "No puedo. Sería como sellar el sobre. Escribir acerca de mi ruptura con Lüc haría que fuera una realidad."»

Pero en cuanto empezó ya no pudo parar. *Poker*

Face, cuenta Sullivan, no es, como ha dicho Gaga, una fantasía acerca de una mujer que practica el sexo con un hombre. Es algo mucho más prosaico. Tras su ruptura, todavía atormentada, Gaga le preguntó a Sullivan si pensaba que debía volver al bar donde trabajaba Lüc para intentar hablar con él. «Le dije que simplemente tenía que ser *cool*, que debía procurar que la vieran por toda la ciudad encantada de la vida sin él —dice Sullivan—. Le dije: "No entiendes cómo son las cosas con un tipo como Lüc. Tienes que enseñarle tu cara de póquer." Se rio un poquito. Le pregunté: "¿Qué?" Me respondió: "Nada, nada."»

Summer Boy, dice Sullivan, iba de Gaga rumiando acerca de las posibilidades de un futuro con Lüc y llegando a la conclusión de que no había ninguna. No. Era bueno para el sexo y para divertirse e ir en coche por la ciudad en su Chevrolet El Camino; pero, aunque le amaba, era una causa perdida. *Boys Boys Boys*, según Sullivan, «trata acerca de su cita con Lüc Carl del 23 de marzo de 2007, para ir a ver a los Killers en el Madison Square Garden».

Lüc tenía unos gustos muy concretos. Algunos lo considerarán limitado. «A Lüc no le gustaba la música pop, así que no respetaba nada de lo que ella hacía —explica Sullivan—. Sólo le gustaba el *hair metal*. Era lo único que quería poner. En cualquier caso, ésa fue su primera gran cita con Lüc. Llevaban quedando unos tres meses por entonces, pero ésa fue la primera vez que salieron una noche juntos. Se vistieron, fueron al centro a ver a los Killers y Lüc consiguió aquellas localidades pésimas tan arriba en la tribuna descubierta.»

Gaga escribe acerca de la asistencia a ese espectáculo —dejando fuera la parte sobre el novio maleducado— en *Boys Boys Boys*.

«Quería escribir la versión femenina de *Girls, Girls, Girls* de Mötley Crüe —ha dicho Gaga—. Quería que sonara como *T.N.T.* de AC/DC —con su estribillo "Oi! Oi! Oi!"—, pero con un giro pop mío. Quería escribir una canción pop que pudiera gustarle al chico que me gustaba y que era un metalero.»

También hace alusión a la fiesta de después del concierto en la que Sullivan hizo de DJ, en el Motor City Bar del Lower East Side, un local de heavy metal con llantas por mesas, las paredes negras y una de las selecciones más amplias de cerveza barata al sur de la calle Catorce. «Fue realmente divertido, porque era la única que llevaba un ladrillo de cocaína envuelto como van en papel de estaño —dice—. Un amigo mío fue por él y era completamente falso, como una lata de gaseosa.» Dice que Gaga no volvió a acercarse a la cocaína.

«Stef no tomaba drogas por entonces a causa de Lüc... él no toma drogas, no lleva tatuajes, y cuando empezaron a salir fue categórico: "No saldré contigo si eres una cocainómana", le dijo. Así que ella dejó a los amigos del Upper West Side de Nueva York y dejó por completo la cocaína. Y empezó a salir con Lüc Carl. Ésa era su vida.»

Gaga, posteriormente, admitiría que sabía que estaba enamorada de una persona que no apoyaba su carrera ni sus ambiciones. Ha dicho que *Paparazzi* trata acerca de su miedo de poder tener amor o una carrera de éxito, pero no las dos cosas. Ella y Lüc, con el tiempo, fueron rompiendo y retomando la relación varias veces. Cada vez que rompían, según Sullivan, él se la llevaba a algún antro del Lower East Side y la emborrachaba. «Ella tiraba con violencia la cerveza después de enumerar como diez cosas por las que él no entendía nada. "¡El jodido tío!" La conclusión a la que llegaba era que estaba trabajando duro en su música para impresionar a aquel tipo, pero cuanto más duro trabajaba en ella, más la alejaba del tipo. Así que salía ganando y perdiendo de cualquier modo.»

5

Descartada

Todos esos problemas con Lüc se dieron durante los siguientes meses. En marzo de 2007, Gaga seguía lidiando con el hecho de haber sido despedida de Island Def Jam. «Era una de las primeras personas con las que habló cuando la echaron —dice otro antiguo amigo, que ya no sigue en contacto con Gaga pero sigue teniéndole mucho afecto—. Estaba verdaderamente triste. Se sentía completamente derrotada. Pero era sorprendente, porque al mismo tiempo seguía manteniendo la compostura, aquello era sólo un bache en el camino. Era muy honesta acerca de lo triste que estaba: "Es un golpe para el ego, te hace sentir mal que la gente no opine que eres fenomenal."»

«Lloraba a rabiar, estaba más deprimida que nunca —cuenta Sullivan—. Era lo peor que le había pasado jamás. La segunda peor cosa que le había sucedido en la vida.»

¿Cuál era la primera?

«Oh. Su hermana se cayó de un árbol cuando eran niñas y se rompió el brazo. Estaban muy unidas. De todos modos, tenía veinte años y había hecho esa apuesta con su padre de que si no había grabado un disco cuando tuviera veinte, se rendiría. Había cumplido los veinte y no tendría su disco. Estaba triste de verdad.»

«Fue el peor día de mi vida», ha dicho Gaga, y ha añadido que se emborrachó y se drogó para pasarlo. Según Sullivan, sin embargo, ella y su padre se pusieron manos a la obra. Después de enterarse de lo mal que estaba: «En una de esas raras pero sorprendentes jugadas suyas, su padre fue al centro. Empezó a actuar de un modo muy propio de un italiano respecto al asunto: "Nadie le hace esto a mi hija", decía. Pero luego: "Déjame ver qué podemos hacer."»

Al final, Gaga sacó ventaja de un recoveco de su contrato que exigía que Island Def Jam le pagara si no sacaba su disco al mercado.

«Recuerdo que pensé que aquello era fruto de *El ajuste de cuentas de Courtney Love*», dice Sullivan.

En mayo de 2000, Courtney Love dio una charla en la conferencia Digital Hollywood, en Nueva York. Fue una sensación y se publicó íntegramente en Salon. com en forma de ensayo titulado *El ajuste de cuentas de Courtney Love*. Love no sólo reprobaba a la industria por su miedo a Internet y su negativa a abrazar el futuro, también llamaba a las discográficas «propietarias de esclavos» por la explotación financiera que hacían de los artistas. Sobre esto dijo algo que dio pie a muchos titulares. Sacó cuentas, explicando que un grupo musical de cuatro miembros, trabajando con un adelanto de un millón de dólares, lo más seguro, y no por culpa suya, es que gane 45.000 dólares netos en el transcurso de doce meses, mientras que el sello discográfico, en el mismo tiempo, tiene una entrada bruta de once millones, seis netos.

«El sistema se las arregla para no pagar a casi nadie», dijo Love. Lady Gaga, a los veinte años, era plenamente consciente de ello.

Siguiendo los pasos del fiasco de la Island Def Jam, Fusari llamó a su amigo Vincent Herbert, que tenía su propio sello, Da Family, bajo el amparo de Interscope Records. Herbert había dado a Fusari su primer gran éxito, contratándolo para que produjera *Destiny's Child*. Desde entonces había sido invulnerable.

«Rob hizo una sola llamada a Vincent —dice Starland—. Le dijo: "Tengo esta artista; tienes que hacer esto por mí." Fue como: "Yo te rasco la espalda y tú me la rascas a mí." Quedaron de acuerdo. Ella recuperó los másteres gracias a Rob, tuvo su contrato con la compañía de Rob y grabó su segundo disco gracias a Rob.»

El productor Martin Kierszenbaum, un ejecutivo de Interscope que por entonces tenía treinta y cinco años, le hizo una prueba. Le encargó a Gaga que compusiera una canción, que diera con la letra y una melodía pegadiza. «De repente ve su estrellato como nadie —dice Starland—. Sabe que tiene que crear esa canción porque será lo más conveniente [para Kierszenbaum] promocionarla.»

Gaga interpretó versiones de la canción en la que estaba trabajando para Kierszenbaum —porque sabía que no era sólo una prueba sino la prueba definitiva— para la familia y los amigos, pidiendo e incorporando sin cesar las sugerencias. Starland se quedó sorprendida cuando Gaga tocó la versión definitiva para ella. «La letra dice: "La familia, haciéndolo por la familia" —cuenta—. Y yo dije: "¿No es ése el nombre de tu sello discográfico?"»

El sello discográfico acabó teniendo otro nombre: Streamline. La canción en la que Gaga trabajaba llegó a ser *The Fame*. (Al final, Gaga firmaría para tres sellos bajo el amparo de Interscope: Streamline, Cherrytree y Kon Live, y el jefe de cada sello se llevó una parte de sus beneficios.)

A los ejecutivos de Interscope les parecía evidente que Gaga era especial. Podía cantar, tocar, componer. Pero su presentación seguía siendo un problema. A menos que lo resolviera y hasta que no lo hubiera hecho, era mejor que se mantuviera en segundo plano, componiendo canciones.

«Interscope es un proceso largo, largo en el que participa un montón de gente que opina que es estupenda tenerla cerca, pero que no es lo suficientemente bonita para ser una estrella del pop», según Sullivan.

«Puedo decirlo porque he estado en muchas reuniones de *marketing* en las que se trató sobre este proyecto», dice una fuente de la industria que desea permanecer en el anonimato. Estaba familiarizado con lo que él llama «su rutina de café», por los clips de YouTube de sus primeras actuaciones en el Bitter End y su concurso de talentos de Nueva York.

La habían reclutado para que escribiera canciones para otros artistas, especialmente para las Pussycat Dolls, para las que también tenía que aportar referencias vocales: básicamente tenía que cantar la canción para que ellas supieran hacerlo. «Gaga no se tomó a las Pussycat Dolls demasiado en serio», dice su amigo Sullivan.

Estaba de mal humor. Se peleó con Lüc, que estaba enojado porque aquella nueva tarea interrumpía sus vacaciones. Según Sullivan, Lüc había ahorrado para llevarla a hacer el viaje romántico que ella deseaba, y ahora ella estaba, en su opinión, cancelándolo caprichosamente porque la llamaban de su sello con un encargo y, cuando ellos la llamaban, ella iba corriendo. Lüc opinaba que era un chica rica malcriada que no respetaba lo duro que había tenido que trabajar él, y ella opinaba que él era un gandul que no comprendía su modo de hacer las cosas y que no apoyaba sus ambiciones. Entonces ella le dijo su famosa frase: «Algún día, cuando no estemos juntos, no podrás pedir un café en la jodida cafetería sin oírme o sin verme.»

En aquel momento, dice el ejecutivo, su imagen seguía siendo un inconveniente. «Tenía el biquini o el tanga», dice. Está convencido que haber fichado para Vincent Herbert fue un factor esencial en la decisión de la discográfica de empezar a invertir dinero y energía en ella.

«Vincent no sólo tiene verdadero buen oído —dice—, sino también el buen tino de encarrilarla: sin excesos, sin gastar millones y millones de dólares en vídeos, sino sólo asegurándose de que tenga los recursos para ser lo que quiere ser.»

Cabe señalar que dice «lo que» no «quién» quiere ser. Siempre se ha tratado de «lo que» Gaga quería ser: la estrella más grande del mundo. En «quién» quería convertirse —ese espectáculo de vanguardia *freak* en el que trabajaría sin descanso dando forma a la perfecta canción dance a pesar de querer que la tomaran en serio como cantautora— era, según ella, un mero vehículo para conseguir ser «lo que» quería ser.

Usó su pelea con Lüc por culpa de las vacaciones truncadas como material en el encargo para las Pussycat Dolls. Compuso *Money Honey*, en la que le dice a su novio que la única moneda que le importa es el amor. Sullivan recuerda la primera vez que se la tocó. «Le dije: "Esto es [el título de] una canción de Elvis."» Por lo visto ella no sabía de qué le estaba hablando: «Me dijo: "Me da lo mismo."»

Entonces, dice Sullivan, Akon —uno de los artistas de Interscope que más venden con su propio sello, un cantautor y productor senegalés que tuvo éxito en 2004 con su primer sencillo, *Locked Up*— escuchó *Money Honey*.

«Y se dio cuenta —dice Sullivan— de que no había razón para comprar aquella canción y tener a las Pussycat Dolls cantándola cuando era definitivamente la canción de Gaga y estaría fantástica interpretándola. Fue entonces cuando empezó a promocionarla como artista.»

En Interscope, su mánager Besencon consiguió para Gaga un espacio en el festival Lollapalooza de 2007. En aquella época, según la demanda de Fusari, fue cuando Besencon y Gaga empezaron a dejarlo al margen. «Es cosa de la industria de la música», dice Josh Grier, un abogado que representa al grupo Wilco y a Ryan Adams. «La parte que suena realmente cierta» de la demanda de Fusari, según Grier, es la alegación de que «el mánager de Fusari [Besencon] ve dónde está el verdadero talento, así que va y jode a su propia artista. Se acuesta con ella, metafóricamente hablando, graba por su cuenta con ella y echa a Fusari a las ruedas del bus. Esta parte me la creo al cien por cien.»

La actuación en el Lollapooza no puso nerviosa a Gaga; si pensó algo, fue que la suya sería una de las actuaciones del programa de las que más se hablaría. Otrora el más grande y más influyente festival de rock del país —si no del mundo occidental—, el Lollapalooza era un festival itinerante de ámbito nacional fundado por Perry Farrell, el líder de Jane's Addiction, en 1991, de música alternativa que estaba despuntando y haciéndose dominante. La idea era mezclar géneros —en el programa había actuaciones de hip hop, música electrónica, industrial y post-punk— y ofrecer actividades complementarias, como tatuajes y *piercings*, al margen del escenario. Pero en 1997, el Lollapalooza había perdido toda relevancia: hacía mucho que Kurt Cobain había muerto; la cultura alternativa se había convertido en lo bastante dominante como para ser anulada, y encabezaban las listas de éxitos los grupos de chicos ('N Sync, Backstreet Boys) y cantantes veinteañeros salidos de la Disney (Christina Aguilera, Britney Spears, Mandy Moore).

Dejó de celebrarse en 1998, cuando los organizadores no pudieron programar un solo cabeza de cartel, y desde entonces ha sido substituido, tanto en ingresos como en relevancia, por el festival de música anual Coachella, de tres días de duración, que se celebra en California. Éste se creó en 1999, con un enfoque más holístico del programa de actuaciones. El Coachella se tenía y se tiene por alternativo, pero en la programación de cualquier año se nota el abandono de los obsesos de la música: la de 2010 incluía a Jay-Z,

Thom Yorke de los Radiohead, MGMT, Sly and the Family Stone, LCD Soundsystem, las leyendas del ska británico The Specials y los héroes alternativos de los noventa Pavement.

En 2003, Farrell, asociado con Capital Sports & Entertainment, en la actualidad C3 Presents, fue capaz de revivir el Lollapalooza siguiendo el modelo del Coachella: un festival de música de varios días en un lugar fijo: Chicago. Así que la programación de Gaga, en verano de 2007, fue, contextualmente, una actuación de bajo perfil. Ni siquiera fue en el segundo escenario, que es la alternativa a lo que sucede en el gran escenario. La pusieron en uno de los escenarios más pequeños —el reparto de actuaciones de un festival de música puede parecer el equivalente sónico de una muñeca rusa— llamado BMI por su patrocinador, Broadcast Music, Inc.

«Básicamente, buscábamos gente que acabara de empezar y que considerábamos interesante —dice Houston Powell, el promotor de C3 Productions que contrató a Gaga para Lollapalooza—. No se trata de inventar la rueda.»

Encabezaban el cartel de aquel año Pearl Jam, Daft Punk y Muse. Aunque era su actuación más importante hasta la fecha, Gaga llevó a pocos con ella: a Fusari, a un compañero de instituto que se moría por ir y a Lady Starlight, que iba hacer de DJ.

Gaga tenía programada su actuación para el segundo día, el 4 de agosto de 2007. El sol todavía no se había puesto cuando salió al escenario. En lo que a ella concierne, no le fue bien. La confundieron repetidamente con Amy Winehouse, lo que tuvo en sí una ventaja: atrajo un montón la atención de los paparazis. Starland sostiene que no hubo nada calculado en el parecido de Gaga con Winehouse, que se había convertido en una de las mayores estrellas del año con *Back to Black*, una desgarrada canción saturada de sufrimiento narcotizado. Como el debut de Gaga, superó todos los récords.

«Montones de reporteros la perseguían, diciendo: "Amy Winehouse, Amy Winehouse, queremos que nos hagas un comentario sobre esto" —recuerda Starland—. Y ella: "¡Oh, Dios mío, esto es espantoso." Ella no lo deseaba en absoluto.» Eso no es lo mismo que decir que no era plenamente consciente de lo que sus más exitosas coetáneas estaban haciendo: Lily Allen, como Winehouse, era otra morena de aspecto característico, una malhablada británica bebedora que había tenido un éxito masivo con su lanzamiento en Estados Unidos del sencillo *Smile*, de sonido *dub*. «Cuando Lily tenía éxito dijo: "No debo quitarle ojo, sólo hay sitio para una"», dice Starland.

En la prueba de sonido, la cabina del DJ se tambaleaba, así que Gaga le pidió a Besencon que encontrara otra que se mantuviera firme. En lugar de eso, él improvisó un apaño para las dos patas demasiado cortas. Durante la actuación, el disco de Starland saltaba y el escenario plegable rebotaba cada vez que ella daba un salto. «Starland y ella habían ido allí con ánimo de: "Vamos a enseñarle a esta gente de lo que es capaz Nueva York." Y eso no es lo que uno hace en una actuación al aire libre», dice Sullivan.

Gaga, a pesar de todo, arrasó. Allí estaba aquella chica cantando música dance con la parte de arriba de un biquini negro y haciendo movimientos de *stripper* al atardecer, volviendo la espalda al público e inclinándose con su tanga. Era contradictorio.

«Parecía ir por ello desde el principio —dice Powell, de C3, acerca de su escenografía—. A veces hay actuaciones difíciles, pero ella parecía muy segura de sí misma. Había un montón de gente mirándola; estaban intrigados por aquello.» Powell estima que en total había 75.000 personas en el festival; una pequeña parte de este público la vio, unas doscientas personas, pero seguía siendo la mayor cantidad de gente para la que jamás había actuado.

«Estaba en el escenario más pequeño de todos, cerca de la zona destinada a los niños», dice Quinn Donahue, caza talentos de C3 Presents. Donahue ayudó a Gaga a montar, y le sorprendió que sólo la acompañaran su mánager y su DJ. «Recuerdo que tenían las cosas bastante claras» para el montaje. Los ayudó con los platos y la mesa de mezclas, en el mínimo tiempo de preparación, «en un periquete».

Como Powell, Donahaue estaba familiarizado con Gaga sólo a través de MySpace; dice que no tenía ni idea de lo que cabía esperar. No había nada en su sonido que realmente encajara en el estilo del Lollapalooza —era «más pop»—, pero su presencia en el escenario era innegable. «Tenía carisma —dice Donahue, que estuvo mirando la actuación de cuarenta y cinco minutos—. Cuando el público se animó con ella, ya no vio otra cosa. Se quedó con ellos.»

Sullivan dice que para Gaga la experiencia fue otra. «Salieron al escenario y tuvieron todos los problemas técnicos imaginables. No quería ni hablar del tema cuando volvió.» Pero, por lo visto, lo hizo: «En primer lugar estaba la música, que no era lo que es hoy», dice Sullivan. Tenía los ritmos de Rob Fusari. Segundo problema: no logró ser tan escandalosa como pretendía. «Iba en biquini, pero estaba detrás de un sintetizador, lo que no resulta precisamente sexy.»

En lo único que Gaga podía pensar, sin embargo, era en la mesa que se tambaleaba y en el disco que no paraba de saltar por culpa de eso. «Habló con el jefe de su sello discográfico, Vincent Herbert —dice Starland—. Y Vincent le dijo: "Ya sabes lo que tienes que hacer." Y al día siguiente Laurent ya no estaba.»

Así que Starlight fue despedida como DJ, aunque su fusilamiento fue mucho más diplomático: Gaga la puso de estilista. Y eso, dice Sullivan, «fue el principio de que ella y yo trabajáramos más juntos. Lo supe de inmediato. Quiero a Starlight a rabiar, pero como DJ... Yo nunca dejo que salte un disco. Tendría que haberlo visto venir».

Una de las cabezas de cartel del Lollapalooza 2010: Lady Gaga. En realidad, con el anuncio de que su escenario iba a costar 150.000 dólares, se autodeclaró cabeza de cartel absoluta.

Tras el Lollapalooza, vuelta a escribir, grabar e intentar pulir la imagen de Gaga. Seguía siendo incapaz de encontrar una estética clara y todavía usaba la imagen de *stripper* heavy metal a falta de otra idea mejor. Gaga sabía que necesitaba parecer extremada, pero hasta el momento seguía pareciendo salida de las páginas «Don't» de la revista *Vice*: comentarios sobre la moda callejera de los *hipsters* más ácidos de Nueva York.*

Su prioridad mayor, sin embargo, era ser detectada por el radar de Jimmy Iovine. Iovine, de cincuenta y siete años, es el director de Interscope, que cofundó en 1990. Ha producido discos de U2, Patti Smith y Tom Petty & the Heartbreakers. También coprodujo *8 millas*, la película de Eminem basada en la vida del rapero tan aclamada por la crítica.

«En este sector —la creación de pop/hip hop/R&B— está considerado un experto —dice un veterano de la industria—. El conflicto con Jimmy empezó... era el tipo que [trabajó con] John Lennon, Tom Petty, Stevie Nicks... estaba esa expectativa de que se-

---

* Se trata de una sección de la revista dedicada a lo que está bien visto por la modernidad hacer y lo que no lo está, llamadas *DOs & DON'Ts*. *(N. de la T.)*

ría un "artista"... la clase de ejecutivo que cultiva el talento a largo plazo, que puede contribuir a desarrollar y sostener la obra de un artista. Pero no lo era. Con su reputación uno diría que es un tipo que entiende de todo, desde Grizzly Bear hasta Beck, pero en realidad es un tipo al que sólo le interesa la canción de éxito.» Cuando propusieron a Iovine que se ocupara de Akon, según esta misma fuente, fue reacio. Pero lo hizo, y el proyecto tuvo éxito. «Yo no tengo inconveniente en decirle a Jimmy: "Lo hiciste todo tú." No lo vimos. Pero, tío, él por completo, lanzó nuestro sencillo y nuestra gira. Al cien por cien. No vimos en él [Akon] la profundidad como artista, pero Jimmy lo hizo.»

«Jimmy es el mago que hay detrás de la cortina de cualquier actuación en la Universal [la compañía matriz de Interscope] —dice Wendy Starland—. Todos los artistas firman creyendo que van a recibir el empujón, pero en realidad el sello discográfico sólo tiene dinero suficiente para promocionar a un par de artistas [al año].»

Una versión de los hechos es que Iovine estaba en su oficina un domingo por la tarde, poniendo material para Akon y pidiéndole consejo. Iovine puso *Boys Boys Boys* de Gaga, y Akon le dijo que le gustaba. Que le gustaba un montón. «Así que —según una fuente— Jimmy Iovine la llamó un domingo por la tarde y le dijo: "Stefani, Gaga o lo que sea... sólo quiero que sepas que esta canción tuya nos gusta de veras y que te apoyaremos." Fue en ese momento que decidieron que todo el dinero y los recursos se invertirían en promocionar a Lady Gaga. Todo gracias a que Akon, que creía mucho en su potencial, dijo que le gustaba.»

Akon ha llamado a Lady Gaga su «franquicia». Ha dicho que está haciendo posible que considere la idea de retirarse pronto, y al escuchar a Gaga por primera vez, le dijo a Iovine: «Quiero firmar ahora mismo. Necesita mi protección»: la de Kon Live, el sello discográfico que él maneja para Interscope. La respuesta de Iovine, según Akon, fue: «Sí, lo que tú quieras. Quédatela. Dalo por hecho.»

Gaga era para él una artista que, gracias a su contrato fallido con Island Def Jam, tenía una buena cantidad de material listo para un álbum ya masterizado. Pero todavía necesitaba componer la mitad, y lo que no sirviera para ella, o para Iovine y Akon, iría a parar a otros artistas: las Pussycat Dolls, New Kids on the Block, y su heroína adolescente Britney Spears, que grabó un tema, que coescribió Gaga, llamado *Quicksand*.

«Habían rechazado tantas canciones y tantos estilos por entonces... demasiados —dice Brendan Sullivan—. Ya componía para las Pussycat Dolls antes de eso, pero incluso entonces estaban decepcionados de ella y rechazaban canciones.»

Era, Gaga lo sabía, otro momento crucial, similar a la presión que sentía cuando escribía *The Fame* para Vincent Herbert. Su versión de *Just Dance* es glamurosa por su decadencia rock'n'roll. Tomó un vuelo de Nueva York a L. A., con resaca de la fiesta de despedida de la noche anterior en el Lower East Side (se trasladaba a L. A. indefinidamente) y se fue directa al estudio de grabación, donde, al cabo de unos minutos, vomitó la canción, una oda a la bebida y al baile.

Pero Sullivan, que, como muchos amigos, recuerda a una chica tan sensata que raramente se permitía tomar alcohol y mucho menos drogas, sospecha que se controlaba con el mismo rigor y la misma disciplina cuando se trataba de escribir una canción de éxito infalible, una canción que lograra que Interscope se apresurara a convertirla en una estrella.

Entretanto, Starland seguía teniendo la esperanza de que Gaga, tal como ella lo veía, hiciera lo correcto. Pasó las Navidades de 2007 con la familia de Gaga en el Upper West Side y, según ella, Gaga estaba enfadada porque Rob Fusari, que había prometido ir, no se presentó. Starland dice que Gaga le comentó que tenía un regalo especial para ella y se le presentó con un bolso Chanel 2.55 de varios cientos de dólares. Se entendía, según Starland, que aquello era asimismo el pago por el papel de Starland en su carrera, por haberla descubierto y habérsela presentado a Fusari. Starland dice que finalmente reunió el coraje para enfrentarse a

Gaga durante una cena en el Tao, un caro restaurante asiático del centro de Manhattan. Gaga pagó.

«Le dije: "Stefani, sólo se sabe lo valiosa que es una relación o un contacto en la vida cuando lo pierdes." Y ella me contestó: "Como ahora no tengo mucho dinero, la próxima vez no te regalaré un bolso, te regalaré unas vacaciones." Y yo le dije simplemente: "Honestamente, ¿estás pensando en jugármela? ¿Dónde estarías sin todo este esfuerzo y los contactos?" Y ella: "Wendy, nuestra relación es tal que te regalaré vacaciones o lo que sea, pero si pones esto en manos de tus abogados, nunca volveremos a hablar. Nuestra amistad se habrá terminado."» Starland optó por no demandarla —no es su estilo, según ella—, pero se distanciaron y hay tirantez entre ellas.

Poco después de su cena con Starland, el viernes antes del día de San Valentín de 2008, Gaga presentó *Just Dance* a Interscope. «Jimmy Iovine es conocido por esas reuniones (es como Steve Jobs) en las que hace que todo el mundo se siente y espere hasta que él está listo —dice Sullivan—. Y luego sale con que "ninguno de vosotros hace su trabajo, y no sé por qué contrato a ninguno de los vuestros, y tíos es que para empezar ni siquiera os gusta la música", bla, bla, bla, o hace esperar a todos porque se está enterando de algo y quiere que se ocupen de ello inmediatamente.»

La de aquel día, según Sullivan, fue la última. «Escuchó *Just Dance* y dijo: "Esto es un éxito, eso es lo que hemos estado esperando desde que firmó contrato con nosotros." —Entonces Iovine hizo entrar a Gaga en la oficina, para que participara en aquella reunión—. Dijo: "Lo has conseguido, has hecho exactamente lo que te pedimos que hicieras. Creíamos en ti y no sabíamos por qué, y ahora ya lo sabemos." Iovine puso la canción para todos los de la oficina y ella bailó sobre la mesa. Bailó sobre la mesa de reuniones.» Poco después, Iovine la tenía instalada en L. A. para terminar el álbum.

Como Sullivan escribió luego en un artículo para la revista *Esquire* de mayo de 2010, Gaga volvió a Nueva York de visita y ella y Sullivan estaban comiendo en un restaurante selecto del centro de Manhattan cuando Gaga recibió una llamada de Bert Padell, el antiguo director comercial de Madonna. Le dijo que quería intervenir y hacerse cargo de ella. Gaga no podía creérselo. Era una de las personas de más alto nivel para las que había tenido una audición siendo adolescente.

«Su padre es un hombre de negocios muy inteligente —dice Sullivan—. Puede conseguir una reunión con quien sea.» Su madre también es muy sagaz. Antes de la audición para Padell, hizo sus deberes y se enteró de que escribía poesía. Así que en la audición le preguntó acerca de ello. Él le dio una copia de su libro de poemas. Después de la actuación de Stefani, Padell le dijo: «Bueno, pues eso, buena suerte con todo. Os llamaremos.» Y finalmente había llamado. Stefani, ahora Gaga, le dijo: «Por fin nos encontramos. Mi madre todavía tiene tu libro de poemas.» Le dijo a Sullivan que era «la mejor llamada telefónica de su vida».

Su novio Lüc, sin embargo, estaba más descontento que nunca. «Lüc nunca había renunciado a su mundo fantástico de rock'n'roll, aunque no trabajara como batería —dice Sullivan—. Creía que tener una novia con un disco consistiría en espectáculos VIP y una posición instantánea. No sabía que la música es una verdadera profesión y que lo que tendría sería a una chica ocupada, siempre fuera de la ciudad o enchufada a su BlackBerry.»

Aquel diciembre, a Gaga se le acabó la paciencia. Después de una pelea con Lüc una noche porque ella necesitaba trabajar y él se quejaba de que pasaba de él por el bien de su carrera, le dijo: «Quiero que te lleves mi autobronceador, mi lápiz de labios y mi bola de discoteca, porque tú y yo hemos terminado.»

6

Lentejuela a lentejuela

Gaga había estado construyendo una sólida y nutrida base de admiradores *online*, algo que parece más fácil de lo que es. Si algo hace Internet es que acorta los lapsos de atención y crea fenómenos evanescentes en fracciones de segundo. Mucho más infrecuentes son los artistas o los clips originados en la Red que tienen un impacto masivo capaz de llegar a los medios más tradicionales como son la televisión, las revistas, los periódicos y que se den a conocer incluso a aquella gente que no tiene ordenador.

Susan Boyle, que se convirtió en un fenómeno mundial unos meses antes de que lo hiciera la propia Gaga, es uno de los pocos ejemplos parecidos. Su actuación en el programa británico de Simon Cowell, *Britain's Got Talent* [«Gran Bretaña tiene talento»], se difundió por la Red a la velocidad de la pólvora, y una confluencia de factores —la historia personal de Boyle, el valor de la producción del videoclip, el metalenguaje de una soltera poco agraciada cantando una canción sobre la audacia de soñar, el haber encantado a una audiencia escéptica y a Cowell, conocido por su crueldad— la habían convertido, ocho meses después, en multimillonaria.

Gaga no tenía nada de eso: no estaba enmarcada en una estructura existente, tal como *American Idol*. Su presentación era deliberadamente contradictoria y un poco amenazadora. Boyle era una mujer de mediana edad que vivía sola con su gato y decía que nunca se había enamorado. Gaga, a diferencia de ella, no tenía un contexto que la respaldara. Aunque Boyle parecía también ser una sensación pasajera, el videoclip de *Britain's Got Talent* que la convirtió en superestrella funcionaba como una minipelícula, la quintaesencia de la historia de la desamparada en siete minutos. Gaga había sacado a la venta un primer sencillo que, sin imágenes, era completamente indistinguible del impecablemente producido pop ya existente. Ella intentaba labrarse una identidad propia en una parcela más que abarrotada. (Boyle y Gaga habían expresado adecuadamente su interés en colaborar.)

Y, sin embargo, se trata del genio de Gaga: «Logra este difícil equilibrio; es tanto íntima como enigmática con sus seguidores —dice Eric Garland, presidente ejecutivo de BigChampagne.com—. Tecnologías como Twitter, Facebook y MySpace han creado plataformas para la "intimidad masiva", pero en general no funciona demasiado bien, principalmente porque uno sabe que no está hablando contigo... si quiero hablarte a ti, te llamo por teléfono o te escribo un correo electrónico. Cuando estás hablando con diez millones de "amigos" no tienes esa clase de intimidad. Pero algunos artistas logran que eso suceda... como en las actuaciones en directo, en las que el público, desde sus caras localidades, tiene la sensación de que se trata de una actuación por encargo. Una artista como Lady Gaga es como si estuviera haciendo eso, por Internet, en tiempo real. Eso es algo muy difícil.»

En mayo de 2010, un clip en YouTube de un chico de doce años que interpretaba una versión del tema *Paparazzi* de Gaga se difundió como una plaga y generó más de ochenta millones de visitas. En cuestión de días, Grayson Chance, de sexto curso, estaba en *The Ellen DeGeneres Show*, donde recibió una llamada de la propia Gaga, que habló con entusiasmo de sus habilidades y luego le ayudó a conseguir grabar. Se cerraba el círculo.

Como cualquier otra rama de los antiguos medios, como la televisión, la radio o las publicaciones, la industria discográfica ha estado luchando para mantener tanto la relevancia cultural pop como los márgenes de beneficios en la era de Internet, y aunque una compañía como Interscope tiene la infraestructura para crear a Lady Gaga, con esto únicamente ya no basta.

«El proceso de lanzar a una estrella se ha vuelto muy complicado —dice una fuente anónima familiarizada con la estrategia para Gaga de Interscope—. Solíamos tener una relación con los consumidores de música que consistía en que tú lo llevabas a la radio, la radio lo machacaba cien veces al día y los chicos decían: "Tiene que ser un éxito", iban y lo compraban. Los consumidores de hoy, chicos de entre trece y veintidós años, son mucho más listos. Tienen muchas más fuentes de información. No se limitan a escuchar la radio y decir: "Si Ryan Seacrest dice que es un éxito, tiene que ser un éxito." Se forman su propio criterio. Para lanzar a un artista, hoy en día tiene que haber cierta cantidad de presentación. Así hizo su entrada Lady Gaga.»

«Lady Gaga es probablemente la historia de desarrollo de una carrera artística más grandioso que hemos visto en la historia —dice James Diener, director ejecutivo y presidente de la discográfica A&M/Octone—. No ha sido sólo ella —no podría haber salido adelante sin la inversión y el apoyo de un gran sello discográfico—, pero ha trabajado más duro que la mayoría.»

La industria, dice Garland, «puede darle un fuerte abrazo y decenas de millones de dólares. No puede pedirse una compañera mejor para los negocios en estos momentos».

La siguiente etapa de la estrategia previa al lanzamiento fue establecer a Gaga no sólo en la comunidad gay sino como parte de ella. Si triunfaba, no sólo ten-

Un aperitivo de lo que vendría: la adorable niña que iba a convertirse en Lady Gaga en su casa, al piano, hacia 1993.

Una Stefani adolescente, con todo el aspecto de chica popular con la manicura perfecta del Upper West Side de Nueva York, abraza a un amigo desconocido en la foto del anuario de 2004 del colegio del Sagrado Corazón.

Nombre: Stefani Joanne Germanotta
Apodo: Stefi, The Germ
Suele vérsela: cantando
Sueño: artista principal del Madison Square Garden
Realidad: Cafe Casa
Equivalente masculino: Boy George
Separada al nacer de: Britney Spears
Su cosa más querida: su piano
Su cruz: la gente «corriente»
Apuesto a que no lo sabes: salió en *Los Soprano*
No ha venido a la reunión porque: tenía una audición

Biografía de Stefani aparecida en el anuario del instituto. Sorprendente, ¿no?

La autoproclamada adolescente friqui (abajo, a la izquierda), con un grupo de compañeras de aspecto sorprendentemente normal, en otra fotografía publicada en el anuario del instituto.

Empieza la transformación: una Stefani notablemente más delgada, ahora ya Lady Gaga, con el pelo negro y las uñas pintadas de blanco en el programa de la BMI de 2007 *Who's Next? Writers on the Rise.*

...on un sujetador de espejuelos, *culotte* verde con cinturón de ...pardo y zapatos rosa: Lady Gaga, siempre reinventándose, ...za su primer gran éxito en el festival Lollapalooza de 2007.

Gaga con un sombrero tradicional vietnamita, flanqueada por las bailarinas Melissa Emrico y Celine Thubert, a su salida del país después de la actuación en el certamen de Miss Universo de 2008.

En su versión playera: gorro, camiseta *vintage* de Prince and the Ne Power Generation. Foto tomada en un día de ensayo para el certam de Miss Universo de 2008, celebrado en Vietnam.

El sujetador tuvo éxito, el *culotte* no: Lady Gaga sobre el escenario en el festival Lollapalooza. Justo después de esta actuación Gaga despidió a su mánager por culpa de un disco que saltaba durante la misma.

Con aspecto de híbrido entre una heroína japonesa *anime* y una reina del disco de los años setenta, Lady Gaga actúa en el CMJ de Perez Hilton de 2008, en el Highline Ballroom de Nueva York.

Madonna es una clara referencia, pero Dale Bozzio, de Missing Persons, aquí en una actuación de 1983, es uno de los antecedentes a los que más alude Gaga. Algunas veces resulta imposible distinguirlas…

… como en este caso: los referentes de Gaga (o aquellos a quienes imita, dependiendo del punto de vista): la minifalda plateada aerodinámica, el pelo platino con mechas rosadas y la agresiva presencia en el escenario.

La cara pintada es la mitad de la batalla: Lady Gaga, en una foto sin fechar, con poco maquillaje, algo impropio de ella.

Otro icono al que recurre mucho: Isabella Blow, la excéntrica musa británica de McQueen, famosa por su modo de vestir escandaloso y su afición a los tocados estrafalarios.

Gaga, con un maravilloso sombrero-máscara parecido a una nube e inspirado en Isabella Blow, en la gala londinense de los Universal Record's Brit Awards, en febrero de 2010. (El diseñador Alexander McQueen, de quien Gaga y Blow eran musas, se había suicidado una semana antes y Gaga le rindió homenaje durante su actuación.)

El encanto posmoderno de una estrella del pop del siglo XXI: la dama en París, con una Blackberry, café, bisutería, dinero y una agenda —todo lo imprescindible—, en 2009.

Con un sombrero diseñado por el arquitecto Frank Gehry y un vestido de Miuccia Prada, Lady Gaga actúa en el 30 aniversario del MOCA (el Museo de Arte Contemporáneo d Los Ángeles). Su piano (que no sale en la foto) era un diseño del afamado artista Damien Hirst.

Una actuación impresionante con un vestido de impresión en el Wiltern de Los Ángeles, en marzo de 2009.

Actuando con su preciado traje y su incluso más preciado piano lleno de burbujas en la Electric Factory de Filadelfia, en mayo de 2009.

Había cruzado un Rubicón: el sujetador de Gaga echa chispas en los MuchMusic Video Awards canadienses, en 2009.

El moño de pelo acentúa la arquitectura de la ropa y el maquillaje de ojos desafía la paleta de colores: Lady Gaga enciende a la multitud en los estudios Skylight de Nueva York, en diciembre de 2008.

Una especie de cruce entre guerrera de mosaico de unos baños romanos y Tina Turner en *Mad Max: más allá de la cúpula del trueno.* Gaga en escena en el Radio City Music Hall de Nueva York en enero de 2010.

Una clara referencia a otra de sus influencias, la andrógina estrella del rock Marilyn Manson, en la 52 edición de los premios Grammy, en Los Ángeles, en enero de 2010.

Gaga en la actuación inaugural de la gira europea Monster Ball, en el Odyssey Arena de Dublín, en 2010.

arte Sally Field en *La novicia voladora* y en parte Madonna
época provocadora con la Iglesia: medias de red, esparadrapo
e los pezones y un hábito transparente conforman
aje de monja rigurosamente Gaga.

De cuero rojo como una dominatriz con un imponente
cuerpo de baile: Gaga actuando en el Capital FM's Jingle
Ben de Londres, en 2009.

Con la Rana Gustavo en los premios de la
MTV en el Radio City Music Hall, en 2009

Con su etéreo y espectacular
«vestido mecánico» que se cierra
y se abre solo, en el programa
británico *Viernes noche con
Jonathan Ross*, en marzo de 2010.

Gaga como «estrella asediada» en el desfile de la
colección de primavera 2010 de Marc Jacobs, en
septiembre de 2009.

El sombrero-teléfono tuvo que parecerle lo único que podía venir a continuación del vestido mecánico: Gaga es entrevistada después de su actuación en el programa *Viernes noche con Jonathan Ross*, en marzo de 2010.

Practicando su encanto con su accesorio preferido: la taza de té rosada, en la 52 edición de los Grammy, en enero de 2010.

Una Gaga cubierta de perlas actuando en la gala neoyorquina de la amfAR, en el local Cipriani 42nd Street: el pistoletazo de salida de la Semana de la Moda de Nueva York, en febrero de 2010.

Gaga como Charlotte Rampling en *Portero de noche*, una película de 1974 acerca de una víctima de un cam de concentración que, años más tarde, se enamora de su torturador nazi. Por alguna razón, la gente *fashion* adora esta película.

dría un entregado núcleo de consumidores con un alto nivel de ingresos, sino que tendría la reputación de artista poco convencional, a pesar de su sonido tan comercial. Interscope contrató FlyLife, una compañía dedicada a las relaciones públicas con sede en Nueva York especializada en el mercado gay, para que concertara actuaciones para Gaga en los clubes nocturnos adecuados, consiguiera DJ que pusieran su música y la pusiera en contacto con la gente que convenía. «Intentaron con ahínco empujarla específicamente hacia un público gay», dice el rapero Cazwell, a quien Fly-Life reclutó para que actuara con ella.

Iovine también había decidido que llevaría a Gaga a la Winter Music Conference de Miami, que se celebraría del 25 al 29 de marzo de 2008, y que actuaría estuviera o no seguro de los permisos adecuados para la ciudad. Sullivan recuerda las circunstancias exactas; consulta en su agenda electrónica la fecha y la hora.

«El uno de marzo, sí, el uno de marzo a las 14.43, le escribí diciéndole: "¿Vas a estar en casa por tu cumpleaños?" Y ella me devolvió la llamada y me dijo: "No, no creo que vayamos a estar en casa por mi cumpleaños. Jimmy quiere que nos hagamos notar, así que iremos a la Winter Music Conference y conoceremos a todos los DJ y a la gente de la industria y haremos que escuchen nuestro nuevo disco, y si va bien nos iremos directamente a Los Ángeles y filmaremos el vídeo de *Just Dance*."»

Gaga estaba tranquila; aquello era por lo que había estado trabajando, lo que esperaba. Sullivan estaba asombrado. «Le dije algo así como: "¡Mierda, vale!" Nadie iría a nuestros conciertos a menos que les escribiéramos a todos para que fueran a Miami.»

Era una microcósmica versión de la trayectoria de Gaga: parecía que no iba a ninguna parte y, al minuto siguiente, de repente, que iba a todas partes.

A pesar de actuar para un público entendido en tecnología, no hay mucho de la actuación en la WMC de Gaga *online*, sólo un breve clip de escasa definición y baja calidad de sonido, y una entrevista de diez minutos que parece hecha por cable. Lleva lo que ella llama «medias disco» (parecen hechas de espejitos de una bola de discoteca), un top pirata blanco y gafas de sol. Con el pelo rubio cardado y suelto, lucha constantemente para que el flequillo se le mantenga sobre la frente. Gaga le habla al entrevistador acerca de la adoración que Jimmy Iovine, el responsable de su sello discográfico, siente por ella.

«Soy la clase de chica a la que promociona —dice—. Soy extravagante, soy de Brooklyn —es mentira—. Soy italiana.» También es encantadora cuando explica su razón de ser: «Cambiar el mundo, lentejuela a lentejuela.» Es concisa y habla con acento gutural en su dialecto de Nueva York —con las tes suaves y las vocales ligeramente arrastradas—. Realmente parece y suena, increíblemente, como la despiadadamente animada presentadora de televisión Rachael Ray.

La primera actuación de Gaga en la WMC fue diurna, en la azotea del hotel Raleigh, un cuatro estrellas propiedad del hotelero Andre Balazs, una figura de peso de la noche y materia prima de las columnas de chismes de Nueva York (más conocido, quizá, por su pasado noviazgo con Uma Thurman). Era un poco una mezcolanza. «No teníamos dinero para vestuario —dice Sullivan—. Cada integrante del coro de bailarines cobraba cien dólares por actuación. Ninguno de nosotros ganó un céntimo.» No obstante, hicieron lo que pudieron. Tenían máquinas para crear bruma, luces y bolas de discoteca. «Incendiamos laca —recuerda—. Nos divertimos.»

Interscope había contratado al Coalition Media Group para que promocionara a Gaga. Coalition había contribuido también a lanzar a Scissor Sisters, programándoles actuaciones en fiestas y clubes gais. «Nos consiguieron una actuación en un club gay llamado Score, en el centro de Miami, y a los gais les encantamos —dice Sullivan—. Habíamos hecho actuaciones *hipster* y no queríamos eso. Queríamos tocar para el mercado gay, en esa clase de grandes clubes alocados donde nos aceptarían. Y aquélla era con mucho nuestra más grande actuación; aquella noche dimos en el clavo. Y luego volvimos al hotel, nos duchamos y nos fuimos a L. A. a grabar el vídeo de *Just Dance*.»

También el vídeo era de presupuesto extremadamente bajo. «Tuvimos que aparcar en Martin Luther King y Crenshaw Boulevard, lo que parece una broma de Chris Rock —dice Sullivan—. Alquilamos esa terriblemente hortera casa para el vídeo. Parecía como una fiesta de Jersey de esas de "mis padres están fuera de la ciudad".» Sullivan recuerda un rodaje caótico y sin nada de glamour. «Derramamos champán en la alfombra peluda, saltamos sobre los muebles y caminamos encima de la mesita de café —dice—. Y entonces ellos: "¡Corten!", y nos sentamos un segundo a recuperar el aliento, y ese tipo raro dobló una esquina y nos dijo: "No os sentéis en el brazo de sofá; lo estropea." Ja, ja.»

En su relato, Gaga fue hiperbólica como de costumbre, comparando aquello, en otra entrevista, con «estar en el plató de Martin Scorsese». Pero tuvo una manicura que dio a sus uñas el aspecto de estar envueltas en red de pescar, lo que fue un golpe genial.

Vivía permanentemente en L. A., para terminar el álbum, pero fue por la época del rodaje del vídeo de *Just Dance* que conoció a un fotógrafo afincado en Nueva York llamado Warwick Saint, que la fotografió para un posible álbum. Lo trajo el nuevo mánager de Gaga, Troy Carter, a quien ella contrató cuando firmó para Interscope. Carter, un afroamericano enérgico, es en realidad bastante delgado, quizás un poco más alto de un metro setenta. No es una figura pública muy conocida, se mantiene en segundo plano. Otros clientes suyos son, por ejemplo, Freeway y Eve.

Gaga y Saint se vieron por primera vez tomando una cerveza una noche en la House of Blues. «Era bastante sexy —dice él—. Pero no encajaba en lo que a vestuario se refiere.» Gaga llevaba vaqueros, una camiseta holgada y gafas de lectura. La encontró muy madura para su edad, «superinteligente, superbrillante, supercreativa». Dice que «habló de su familia y su padre, y parecía tener una buena relación con éste».

El sello discográfico había preparado una sesión fotográfica en el bar Bordello de L. A.; duraría desde las seis de la mañana hasta las cuatro de la tarde. Recuerda que no le satisfacía la estilista de Gaga, porque consideraba que su trabajo para ella era «de disfraz», y recomendó a una amiga llamada Martina Nilsson a Carter y Gaga. Nilsson enseguida se hizo cargo del asunto. «Después de vernos —dice Saint— Gaga dijo: "Por supuesto. Me tiene a su entera disposición." Y Martina se puso manos a la obra.»

Cuando empezó la sesión (con su propia música en el sistema de sonido), Gaga tenía las riendas, lo que según Saint es poco usual. «A algunos artistas los pones delante de la cámara y es como intentar sacar sangre de una piedra —dice—. Lady Gaga estaba en su papel desde el principio, lo que, para un fotógrafo, es un sueño. Se daba la vuelta y adoptaba esas posturas tan *cool*. Le encantaba estar delante de la cámara. Adoraba ser el centro de atención.»

Después de la sesión, Saint invitó a Gaga a echar un vistazo a las fotografías. «Dijo: "Es una buena cosa ver cómo das delante de una cámara."» Para lo brava que estuvo en la sesión de fotos, dice que «estaba un poco acomplejada por su nariz. Estaba planteando operársela, pero le dije que no lo hiciera».

Aliya Naumoff, a la que contrataron los ejecutivos de Interscope para que fotografiara la primera actuación de Lady Gaga (era conocida por su exhibicionismo y en aquel caso los otros de la empresa querían saber qué estaban comprando), recuerda que no detectó ningún signo de inseguridad en Gaga, y que pensó que era algo muy inusual. El concierto fue en una azotea céntrica de Manhattan; Gaga tenía dos bailarinas con las que no parecía demasiado familiarizada, pero «estaba llena de confianza. Yo estaba enloquecida —dice Naumoff—. Dije: "Ésta va a ser el próximo híbrido de Madonna y Britney"».

Al cabo de unas cuantas noches, Naumoff fue a ver la actuación de Gaga en el club Mansion, un espacio de techo bajo dividido en dos pequeñas salas. «El club estaba tal vez lleno en un diez por ciento», según Naumoff. Durante el espectáculo, «todos decían: "¿Esto qué es?" Nadie le prestaba verdadera atención». Después de la actuación, Naumoff, que había tenido una agradable experiencia de trabajo con Gaga en la de Interscope, fue a saludar a Gaga para felicitarla. «Me dejó plantada; le daba igual —dice Naumoff riendo—. Le importaba un carajo. No me sentí insultada. Me dije: "Está decidida a conseguirlo. Es imparable."»

Just Dance salió al mercado, con escasa repercusión, el 8 de abril. Acabó por alcanzar la cima de la lista de éxitos Billboard Hot 100 en enero de 2009. Saint se mantuvo en contacto esporádicamente con Gaga mediante mensajes de texto. «Yo le digo: "Felicidades Gaga, acabo de verte..." Y ella me contesta: "¡Eh, me han puesto en la radio de Canadá!"» Por lo que a sus otros amigos y conocidos se refiere, cuando se cruzan unas palabras es para hablar de ella. «Y a medida que se hace más y más famosa, sus respuestas son menos y menos frecuentes», dice Saint.

En abril, Wendy Starland —recién trasladada a L. A.— recibió una llamada inesperada de Gaga. «Me dijo: "Todo lo que quiero es salir contigo. Salgo con ese tío, es mi estilista..."» Se trataba de Matt Williams, de la misma edad que Gaga y que se había mudado hacía poco desde Nueva York. «Dijo: "También es un emprendedor, y la gente también le tiene celos porque tiene éxito, como yo. Creo que le daré una oportunidad para ocuparse de todo mi estilismo."» Gaga le dijo a Starland que acababan de hacerle una entrevista para la revista *Rolling Stone* y que le había adjudicado el mérito de su descubrimiento a ella, y luego el tema derivó hacia si Starland merecía cobrar más por haberla puesto en contacto con Fusari.

Según Starland, Gaga dijo que la idea de cobrar por presentar un artista a otro era demasiado. «Dijo:

"Alguien te presentaría a ti a Moby"», con quien Starland había trabajado en su álbum de 2008 *Last Night*, como cantante solista del tema *I'm in Love*. Starland le replicó que, de hecho, Moby la había encontrado en MySpace y que, sin su ayuda, Gaga nunca lo hubiera conseguido. Las chicas no han vuelto a hablarse jamás.

Aunque no tiene inconveniente en imponerse, la confrontación con Starland no es propia de Gaga. A ella no le gusta deshacerse de la gente ni despedirla. En un caso, permitirá que se apague la amistad y que la persona dejada de lado se dé cuenta por sí misma de lo que sucede. En otro, pedirá a alguien que se encargue del despido y asegurará que no tiene ni idea de lo que está pasando. David Ciemny, que llevaba trabajando como organizador de su gira durante aproximadamente un año y medio, desde la primavera de 2008, se tomó un permiso en otoño de 2009. Dice que se quedó desconcertado por la respuesta de Gaga cuando le planteó la idea de volver a la carretera.

«Le dije: "Estoy listo para irnos." Pero ella me respondió: "Estás distinto. No estás listo para volver a salir de gira." Y yo: "Sí, sí que lo estoy." Y ella me dijo: "No creo que estés listo." A lo mejor se había planteado que estaba progresando hacia un nuevo nivel...»

Pasados unos cuantos meses, Ciemny por fin le mandó un correo electrónico: «Le decía: "¿Sabes, Gaga? No sé si eres tú o tu mánager, pero no he vuelto a trabajar y he dejado de recibir el cheque del sueldo."» (Lo tuvo en nómina hasta tres meses después de que él dejara la gira.) Le preguntó si lo había despedido, si había alguna posibilidad de que saliera de gira con ella al cabo de dos semanas, desde donde él estaba.

Me respondió inmediatamente, por correo electrónico. «Me dijo: "Siempre tendrás trabajo conmigo. No sé nada de todo eso. Deja que me entere. Besos y abrazos, Gagaloo." Pero era una especie de final. No he vuelto a saber de ella.»

Starland no era la única persona problemática del pasado de Gaga. Después de casi dieciocho meses de distanciamiento, el 17 de marzo de 2010, Rob Fusari presentó una demanda por treinta millones y medio de dólares contra Gaga. Era un documento cáustico y muy conmovedor que revelaba la falta de romanticismo entre los dos.

La primera página contenía una bastante inusual «Introducción». Empieza con unos versos de la obra de William Congreve *La novia de luto*:

El cielo no se enfurece como el amor que en odio se convierte,
ni se encoleriza el infierno como una mujer desdeñada.

Fusari continuaba con una nota explicatoria: «Todo negocio es personal. Cuando las relaciones personales se convierten en líos amorosos, ninguna relación de negocios implicada sigue por lo general la misma trayectoria, de modo que, si una se estropea se

estropean todas. Eso es lo que ha pasado en este caso.»
Alegaba que sólo recibió dos cheques de derechos de
autor de Lady Gaga, uno de 230.000 y otro de 394.000
dólares. En la parte posterior del último, decía, había
una nota que decía «endoso por el que se dan por sa-
tisfechas todas las sumas debidas al abajo firmante»,
lo que implicaba que cuando firmase el cheque, estaría renunciando a todos los derechos a recibir futuros
pagos.

El 19 de marzo, Gaga presentó una contrademanda. Entretanto, el abogado de Fusari, Robert Meloni,
se retiró del caso y fue sustituido por otro letrado de
su gabinete. Gaga sostenía que Fusari era tanto su
agente como su mánager, lo que, dice una notoria abogada del mundo del espectáculo que fue contra Meloni, violaba el estatuto del trabajo. Pero lo que encuentra más interesante esta abogada, que pide permanecer
en el anonimato, es que Fusari, el veterano de la industria, en esencia está afirmando que esta chica tan
joven le estuvo explotando.

«Lo típico es que el artista diga: "Este tío sacó provecho de mí y tuve que tragarme este acuerdo" —según la letrada—. En este caso es un poco distinto,
porque lo que él está diciendo es: "Hubiese redactado
el típico contrato [pero ella y su padre] me forzaron a
esto y ahora me mandan a la mierda."»

El intento por ambas partes, dice ella, era atraer la
atención de los medios todo lo posible: Fusari con el
sensiblero encabezamiento de su demanda, exponien-

do su relación sentimental, y Gaga con su inmediata y llamativa contrademanda.

El veterano abogado del mundo del espectáculo Josh Grier cree que, independientemente de los méritos de la demanda de Fusari, que él considera razonable, Gaga duraría más que él por la pura fuerza de sus recursos financieros, aunque cree que su contrademanda es excepcionalmente poco sólida: «Con negarlo todo simplemente no basta», dice. Y, dicho esto, puede tenerlo litigando mucho tiempo, hacer que le cueste más dinero del que puede gastar, obligarlo a dar marcha atrás.

«Lo encuentro el arte de jugar con astucia —dice Grier—. El juego de litigar en el negocio de la música... nadie va nunca a juicio.» Estima que Fusari se gastó 25.000 dólares sólo para presentar la demanda. «¿Tenía realmente el dinero para [continuar con] ello? Estos litigantes son verdaderos mercenarios. Espero que en algún momento esto se resuelva y que les digas: "¿A qué acuerdo habéis llegado?" Y ellos digan: "Lo siento, es confidencial." Es como leer un libro y que alguien te robe el último capítulo.»

Rob Fusari, en el momento de escribir estas páginas, seguía con su prometida.

7

«Ahora vivo por ti»

Gaga se pasó todo mayo de 2009 haciendo pequeñas actuaciones en clubes gais, bloqueando, conce-
diendo entrevistas a quien fuese. Declaró a la revista
HX que «Cuando toco en clubes gais, es como si estuviera actuando para mis amigos; ellos van y entien-
den lo que intento decir.» Más tarde diría que era bisexual y que mantenía relaciones con mujeres, pero
que sólo se había enamorado de hombres.

«Tenía un montón creciente de amigos gais —declaró a la MTV—. Iba a un montón de clubes gais.»

Eso no es cierto, según lo que contó para una entrevista inédita. Iba a clase, a tomar lecciones de canto,
a audiciones y al *TRL* para ver a Britney.

«Creo que su imagen es por entero de una especie
de embajadora gay e icono gay... Me parece que siempre quiere dejar esa clase de alternativa —dice David

Ciemny, su antiguo organizador de gira—. ¿Sabes?, todos sabemos que es una chica, le gustan los tíos, no hay más. Sus amigas íntimas del instituto no eran lesbianas. Pero, ya sabes, los artistas más misteriosos resultan más atrayentes.»

Posteriormente, cuando triunfaba en Estados Unidos y la comparaban con la estrella del pop Katy Perry, que acababa de dar en el blanco con *I Kissed a Girl*, Gaga describió hábilmente lo suyo como auténtico y lo de Perry como una simple pose. «Yo no trato de usar a mis seguidores gais para tener seguidores. Yo los quiero de verdad, sinceramente... No quiero que nadie se sienta utilizado.»

Uno de los primeros artistas a los que Gaga contrató, vía FlyLife, fue Cazwell, autor rapero de vida nocturna cuya sensibilidad desmesurada era ideal. Era conocido en su ámbito por canciones de título tan divertido como *All Over Your Face* [«Por toda la cara»] y *I Seen Beyoncé at Burger King!* [«He visto a Beyoncé en el Burger King»]. (Su actual foto de prensa es galguesca, con la barbilla embadurnada de la sangre que le cae de la nariz.)

Cazwell solía actuar con Amanda Lepore, la superestrella de la subcultura: aun así, un empleado de FlyLife le había advertido que no la fastidiara. «Le dijeron: "Lady Gaga, para que lo sepas, es tremendamente profesional, así que llega puntual."» Lo contrató para rapear en una remezcla de *Just Dance* y actuar con Gaga en un par de locales. Una de esas actuaciones fue en el desaparecido club de la Avenida C y otra en un club llamado Boysroom.

«Había pegatinas por todas partes [del club] que decían: "Lady Gaga, conquistando el mundo, lentejuela a lentejuela"», dice Cazwell. Recuerda a una chica mona y educada que, sin embargo, se lo tomaba mortalmente en serio. «Actuábamos en un escenario pequeño como una puerta —dice—, pero aun así hizo prueba de sonido y fue muy concreta acerca de cómo empezar la actuación y sobre la coreografía. Dijo: "Al final de tu rap, quiero que te arrodilles y me pondré encima de ti", para cabalgarme, ¿sabes?» Estaba impresionado por su profesionalidad y su determinación.

El público, cuenta Cazwell, era una mezcla de «*hipsters* de Brooklyn y gais del centro», y no estaba demasiado impresionado. «Decían: "¡Oh, interesante!" Todos miraban cruzados de brazos. Nadie se le echó encima, nadie dijo nada.»

Gaga estaba perdiendo un poco de fuelle. No estaba pegando ni siquiera en los márgenes de lo comercial. Las publicaciones alternativas que hubieran sido las apropiadas, como *Nylon*, *Paper* y la revista *V*, no estaba interesadas en ella. La MTV sólo pasaba un par de horas al día de vídeos musicales, por la mañana. Interscope se estaba planteando programarla como telonera de los New Kids on the Block, y, mientras que otro artista que cultivara una personalidad extravagante lo hubiese despreciado, ella era lo suficientemente inteligente como para aprovechar cualquier oportunidad.

Era un genio cuando se trataba de la Red y sabía que en ella podía controlar su mensaje. Constantemente estaba en Twitter. Le pidió que fuera amigo suyo a Perez Hilton, el controvertido y sarcástico bloguero de los chismes, que se ha convertido en una celebridad y promociona a la gente que le gusta. Puede ser igualmente tenaz cuando se trata de denigrar a alguien qué le desagrada. Gaga se convirtió rápidamente no sólo en un personaje recurrente [de su blog] sino en una heroína a la que empezó a llamar su «esposa».

«Ella lo veía a él no sólo como el portavoz de la comunidad gay sino como un aliado que verdaderamente contribuyera a lanzar su carrera —dice David Ciemny—. Así que fue una amistad calculada desde el primer momento.» Lo invitó a comer, le habló por teléfono; a medida que su fama crecía, lo invitó a visitarla en su gira y a quedar para sesiones de manicura y pedicura en las que él sacaba fotos que luego colgaba en su sitio web. En Halloween del pasado año, él se disfrazó de Lady Gaga.

«Ella le enviaba vídeos y canciones en cuanto los terminaba. Decía: "Esto para Perez. No quiero que nadie más lo tenga" —cuenta Ciemny—. Y él le hacía buenas críticas; nunca se ha cargado a Gaga.» Sin embargo, su acceso a ella se ha vuelto exponencialmente menos directo. «Me llama a mí —dice Ciemny— porque no consigue ponerse en contacto con ella.»

El primer *post* de Hilton sobre Gaga apareció el 8 de junio de 2008 y era un enlace con su vídeo de *Just Dance*. «¡Por fin una nueva artista que despunta en el panorama estadounidense y abraza la música pop, como la Madonna de la vieja escuela! —escribió—. ¡¡¡*Just Dance* es el tema principal de su nuevo álbum y va a ser nuestro éxito del verano!!! Tienes que CLICAR AQUÍ para ver el impresionante vídeo súper de diseño. Es como la encarnación de LastNightsParty y The Cobrasnake. ¡La canción es tan tremendamente pegadiza!»

«Tenía un olfato finísimo para usar Internet y dar a conocer su canción [antes de que] estuviera en la radio y en vídeo y el público la conociera —dice James Diener, director ejecutivo y presidente de A&M/Octone—. En 2008, Gaga era un completo misterio. Uno no tenía demasiado claro qué aspecto tenía, dónde estaba ni de qué iba aquello. Lo que tenías era que llevaba al menos un año desarrollando una seria influencia en las bases de la comunidad a través de Internet, los clubes, DJ y varios mercados del mundo antes que en Estados Unidos. Había un montón de rumores sobre ella en la blogosfera y la gente que importa *online* decía que se avecinaba una gran cosa. Luego, cuando sus canciones se escucharon por la radio, fue como prender queroseno con una cerilla: había tanto entusiasmo que explotó de inmediato.»

A finales de junio hacía semanalmente filmaciones breves e improvisadas para documentar su vida; llamó al proyecto *Transmission Gagavision* y lo colgó en su página web. Mantuvo su página de MySpace y el muro de Facebook. Creó un código que cambia constantemente, específico de cada persona que lo intenta: cómo desbrozar la Red y crearse una presencia *online* no sólo sorprendente, sino que haga que la gente la visite repetidamente en cantidades cada vez mayores, una presencia que trasladar luego al mundo real para generar unos beneficios reales, ya sean votos para la presidencia o entradas para tu concierto de rock.

«Con Internet todo el mundo tiene distribución, todo el mundo tiene reconocimiento —dice DiSanto, de la MTV—. Pero ¿fama y capacidad de atraer visitas? Eso depende del contenido.» Pone como ejemplo el éxito más fenomenal hasta ahora en la Red, la *reality* serie de televisión *Jersey Shore*.

«Fue el éxito más fulgurante que habíamos visto jamás —dice—. Después del primer episodio, estaba en la sección "Weekend Update" del programa *SNL*. Y la gente decía: "¡Oh, eso es seguramente por la polémica! Snooki —la ebria italoamericana que parece un Pitufo— se emborrachó y toda la Red iba llena." Eso atrae a la gente, pero la capacidad de atraer visitas del contenido es lo que hace que la gente le sea fiel. En cuanto a Gaga, hay millones de artistas y millones de chicos por ahí que cuelgan cosas en Internet todos los días, así que es facilísimo que te vean, pero hacerte famoso es mucho más difícil. Porque con tanto entre lo que escoger, las cosas se pierden en la maraña.»

DiSanto cree que el ingente volumen de contenido *online* obliga a cualquier artista emergente, por contrario a la intuición que parezca, a centrarse para empezar en un sector especializado. Si estás filmando una película, un afamado director como J. J. Abrams o James Cameron irá a Comic-Con [el salón anual del cómic mayor de Estados Unidos] y se ocupará de sus fans y hará que ellos hagan otro tanto contigo. Luego tú usarás a sus seguidores para arraigar y crecer a partir de ahí. Creo que Gaga hizo un trabajo brillante centrándose en sus seguidores, los gais. ¿Sabes? Su primera aparición televisiva oficial fue en Logo [el canal temático gay por cable]. Permitió que una sólida base de admiradores fanáticos la promocionara.

La primera aparición televisiva de Gaga en Logo fue interpretando *Just Dance* durante los Premios NewNowNext del canal, en mayo de 2008. «Interscope estaba promocionando mucho a aquella chica», dice Dave Mace, subdirector de programación de Logo. Él y su equipo no sabían mucho de ella. «Había sacado un vídeo de *Just Dance* —dice. Aunque no lo ponían mucho por la radio, el clip se pasaba en el programa de vídeos de Logo—. Entonces no sabíamos si [su carrera] iba a proseguir después de aquello, si no sería un éxito efímero. Pero nos gustaba de veras y nos parecía que la canción tenía posibilidades de convertirse en un éxito.» Y Gaga se había pasado la mayor parte del año construyendo una base de admiradores gais. Así que programaron su actuación.

«Fue interesante cuando vino al ensayo —dice Mace—. Era misteriosa y estaba metida en el personaje, con el pelo rubio y las gafas de sol y la capucha. Y luego, bueno, sin bragas. Cuando entró, nos decíamos: "¿Quién es esta chica? ¿Quién se cree que es?", pero no en el mal sentido, sino en el de..., bueno, interesante. De alguien de su edad no esperas algo así. Me recordó a Grace Jones, era enigmática como ella.»

Interscope, según Mace, «era evidente que había invertido en ella más dinero para trabajar que en la mayoría de los artistas que empiezan. Habían tenido la amabilidad de pagar a un grupo de bailarines que Lady Gaga quería digamos que para llenar la habitación. Y ella había practicado su increíble número coreografiado».

La actuación se filmó en los estudios de la MTV, en el mismo espacio desde el que se emitía el ya desaparecido programa de tarde *TRL*. El plató estaba decorado para que pareciera un club nocturno, con escaso éxito. El presupuesto de producción era bajo y el estudio pequeño... tan pequeño que la mayor parte del público tuvo que salir para que ella tuviera espacio para actuar; hubo tal vez quince personas.

Cuando presentaron a Gaga, la cámara la siguió, con su flequillo de corte geométrico y su larga melena rubia, las espesas gafas de sol negras angulares, la capucha negra de una especie de hábito puesta, caminando hacia el escenario con un involuntariamente cómico sentido de tener un propósito en la vida. Con ella iban dos bailarinas, vestidas y maquilladas para destacar apenas, pero Gaga —con sus pantalones de piel ajustados, el cinturón de cadena S&M y las hombreras aerodinámicas— parecía encabezar un ejército en miniatura dedicado a la difusión por la fuerza de fabulosidad.

Christian Siriano, el diseñador de moda ganador de la cuarta temporada de *Project Runaway*, conoció a Gaga en la grabación del canal Logo; iba a entregar un premio. «Pensé que era una pequeña travesti extraña —dice—. Daba ese personaje, y llevaba aquella cosa con capucha y uno se decía: "¿Quién es esta chica? Es una completa desconocida. Necesita suavizar su papel."»

Siriano cambió de opinión después de verla actuar. «Era increíble», dice. Entablaron conversación en la fiesta que se celebró tras la grabación. Gaga tuvo muchos elogios para Siriano, que acababa de terminar en *Project Runaway*.

«Dijo que era estupendo conocerme; dijo: "¡Oh, soy una auténtica admiradora" —recuerda Siriano—. Fue un momentito completamente encantador.»

«La canción era estupenda, el número salió increíblemente bien, pero el ensayo fue mejor que la actuación, y creo que ella estaba disgustada —dice Mace—. Fue porque su barra de luz —su varita iluminada, uno de sus elementos de apoyo favoritos y un punto de referencia cuando la canción dice: *I wanna take a ride on your disco stich*— no se encendió cuando ella quería. Si vas y miras el vídeo de la actuación, seguramente te darás cuentas de que ella lucha un poquito. —No se nota—. Pero era perfeccionista —prosigue—. Quería repetir la actuación, pero como era un programa prácticamente en directo, no podíamos.»

Incluso antes de que pidiera una repetición, Mace estaba impresionado por su grado de entrega a la actuación. Cuando terminó la canción, se quedó quieta en el escenario, con las manos enguantadas abiertas junto a las mejillas, los codos apartados, la cara —lo que se veía de ella— petrificada, inexpresiva. Y no sólo unos segundos, estuvo así por lo menos un minuto —mientras el anfitrión del programa hacía los anuncios de cierre, daba las gracias a los espectadores y hacía propaganda de uno de los antiguos conterráneos de Gaga: «Hemos terminado, pero la diversión continúa *online* en *show* posterior, en el que Cazwell interpretará su nueva canción *I Seen Beyoncé at Burger King!*» «Muchísimas gracias por vernos», dijo arrastrando las palabras la compinche rubia del anfitrión, estirando con languidez un brazo por delante de Gaga, que todavía parecía convertida en bíblica estatua de sal.

«Chris [Wiley, un publicista de Logo] y yo nos mirábamos, como diciendo: "¿Qué hace?" —dice Mace riendo—. Esto dice algo de ella como artista...

se metía en el papel y era muy consciente de él. Pero aquello era realmente cómico.»

También salió, muy brevemente, en un episodio de la serie de televisión *The Hills*, en septiembre de 2008, cantando en una fiesta de lanzamiento de una línea de vaqueros. Según la publicista de moda y estrella de *reality show* Kelly Cutrone, Gaga estuvo a punto de no actuar: «Quiero decir, en L. A., a 37 °C —contó a MTV News—. Y ella con aquel *look* a lo Alice Cooper. Dije: "Esto no me va... es demasiado Marilyn Manson para mí."» Pero el promotor del evento desautorizó a Cutrone; lo que dijo fue que todos los de Interscope sabían que aquella chica sería grande.

Gaga, entretanto, asiduamente chequeaba cuánto sonaba por la radio. No era mucho, así que después de cada actuación, desde las dos o las tres de la madrugada y hasta las siete de la mañana siguiente, iba a la cabina de grabación y regrababa la introducción de *Just Dance* para unas veinte emisoras de radio, cantando específicamente para cada una hasta que, por fin, hubo grabado temas a medida para todas y cada una de las emisoras de Estados Unidos.

«Estaba muy al tanto de ciertos directores de programación —dice su ex organizador de gira David Ciemny—. Y si no incluían su canción, decía: "¿Qué hacemos?" Conocía a todos los de su sello discográfico y, si algo que ella quería no pasaba, decía: "Deja que hable con ese tipo. ¿Qué tenemos que hacer? Iré a actuar a la emisora, cantaré *Cumpleaños feliz*, haré lo que haga falta." Porque la cosa no estaba funcionando realmente en Estados Unidos.»

También había llegado a la cima de sus posibilidades en otros países. «Alguien podía decir: "¡Oh, caray, *Poker Face* es número uno en diez países!" Pero ella: "Bien, todavía no hemos estado en Japón, allí no saben quién soy: vámonos a Japón." O: "Ahora eres famosa, has sido portada de *Rolling Stone*." Y ella: "Bueno, todavía no he sido portada de *Cosmopolitan*."» (Consiguió su objetivo en el número de abril de 2010 de *Cosmopolitan*. A finales del mismo mes, fue portada de la revista *Time*, al lado de Bill Clinton, formando parte de la lista de las personas más influyentes.)

En julio de 2008, FlyLife presionaba para que Gaga actuara en algo llamado el Underwear Party, que se celebraría en agosto en un centro turístico vacacional gay de Fire Island. Era algo así como gais de marcha en ropa interior. Daniel Nardicio, que había creado el evento en 2003, recuerda que quedó sorprendido por la actuación. «Cuando se transformó en Lady Gaga, su agente vino y me dijo: "De verdad que nos encantaría que trabajaras con ella: es sexy, es estupenda." Y yo dije: "Un momento... ¿ésa es Stefani Germanotta?" Antes era estupenda, pero se parecía muchísimo más a Natalie Merchant.»

Nardicio sabía de ella por los Motherfucker de Michael T. y por sus primeras actuaciones, pero no le había prestado mucha atención desde entonces. «Era mona —dice—. Una morenita.» Pero no la encontraba especial, ni tampoco le parecía que su nueva encarnación, fuera cual fuera, fuese a despegar. «Tenía esa ñoñería de Long Island —dice—. No tenía nada de espectacular.»

Aun así, Nardicio sabía que algo estaba sucediendo con Gaga. FlyLife le había hecho llegar una copia de su sencillo y él lo había puesto en su programa de East Village Radio. «*Just Dance* era un gran tema —dice—. Aquella canción generaba verdadero interés. La gente me escribía cosas como: "¿De quién es esa canción? ¿Dónde puedo conseguirla?"» Así que llamó a FlyLife. «Dije: "¿Sabéis qué? Quiero que actúe en Fire Island delante de un público nutrido y promocionarla."»

FlyLife entregó a Nardicio mil copias de la canción, que él repartió por todas las casas que pudo de Fire Island. Una semana antes del Underwear Party, Gaga había actuado en *So You Think You Can Dance*. *Just Dance* por fin sonaba en los Top 40 de la radio, incluida la emisora más escuchada de Nueva York, la Z100. Gaga había actuado en pequeños clubes de Europa, y en la web de Perez Hilton era ya un personaje recurrente, con un promedio de un *post* diario. De repente daba la sensación de que estaba atravesando la membrana de la conciencia de los seguidores de la música mayoritaria con una rapidez inusual. A Nardicio le entró el pánico.

«Llamé a su gente y les dije: "Mirad, sé que va a cancelar. Está triunfando. Lo sé. Yo sólo le pago 500 dólares. Así que vamos a cancelar ahora porque no quiero quedarme plantado un día antes con dos palmos de narices." Y ellos me dijeron: "Por lo que nosotros sabemos, va para allá."»

Fue una de sus muchas jugadas astutas: no sólo mantuvo su palabra, sino que la mantuvo con muy buen talante. También da fe tanto de su ética laboral como de su ambición que actuara en Fire Island el mismo día que llegaba en avión de Europa.

Se congregaron unos mil espectadores: el mismo número de CD que Nardicio había distribuido por la isla. «Un mar de gais en ropa interior —como Nardicio cuenta—. Y hubo un momento en que ella los miró y dijo: "En este instante estoy jodidamente viviendo por vosotros." Porque, supongo, estaban chillando por ella. Era muy emocionante, como promotor, porque fue uno de esos momentos en que has hecho tu jugada y tienes a la persona adecuada en el momento adecuado. Me pasó con Scissor Sisters, con Gaga, y por supuesto con Levi Johnston, que pertenece a un área diferente.» (Encaja, dada la insistencia de Gaga en que su existencia es una alegoría de la fama, que Nardicio equipare el trabajo que hace para ella a trabajar como adiestrador para la hija de Sarah Palin, que es una hija de papá, pero ahí lo tienes: *Fame in America*, alrededor de 2010.)* Gaga interpretó tres

* Monólogo del humorista, actor y presentador de televisión británico Russell Brand. *(N. de la T.)*

temas: *Just Dance, LoveGame* y *Poker Face*, con dos bailarinas, y entre canción y canción apenas dijo nada.

«Parecía la Madonna de las primeras apariciones —recuerda Nardicio—. Como cuando hizo *American Bandstand*. Pero era una profesional. Gaga llevaba algún tiempo en Interscope, así que el sello aportó logos para ponérselos detrás. Ellos aportaron la escenografía. Pero era limitada y desnuda.» Recuerda que le impresionó que cantara en directo.

Después de la actuación, Nardicio se llevó a Gaga y a los suyos a una marisquería llamada Jumping Jack's. Lo que recuerda de su imagen esa noche: peluca, gafas de sol, mallas, hombreras. Él no reconoció que la conocía de antes, de cuando era Stefani; ella tampoco. Notó que no bebía alcohol durante la cena. Se le ocurrió preguntarle si él podía «formar parte de aquel circo», pero se lo pensó mejor. (Por lo menos aquel día pensó que se lo había pensado mejor.) Le gustaba Gaga, pero le parecía que le faltaba algo.

«Mi primera impresión fue que parecía un poco prepotente, un poco chica rica privilegiada —dice—. Y me di cuenta de que lo es, un poco. No tiene nada de malo. Pero no estaba seguro de si todo esa pose a lo Andy Warhol no era un poco demasiado, bueno... supongo que soy un tanto escéptico. Pensé que era sobrevalorar una canción pop sobre estar bailando en un club borracha.»

Lo que a Nardicio se le escapaba —o a lo mejor todavía no era evidente— era el sentido del humor de

Gaga y lo tremendamente consciente que es de sí misma. Era una chica de veintidós años lo suficientemente inteligente como para escribir de lo que conocía: de chicos monos e ir de marcha. Como dijo en 2008: «Puedo parecer boba porque gente como Bono escribe sobre el hambre en el mundo. Pero yo todavía no sé nada sobre esas cosas, así que escribo sobre lo que conozco.» Parece algo que Paris Hilton diría en serio.

«Desde entonces ha conseguido dinero y apoyo para convertir [su espectáculo] en algo consistente, pero por entonces no era demasiado refinada —dice Nardicio—. Desde luego su peluca no era demasiado elegante. Quiero decir... la chica se ceñía a un presupuesto. Tenía un aspecto un poco más raído, un poco más basto.»

La propia Gaga era perfectamente consciente de ello. De hecho, antes de que acabara la cena había engatusado a Nardicio para que la ayudara gratuitamente a promocionar la fiesta de lanzamiento de su CD, programada para octubre en el Highline Ballroom de Nueva York. Y él estuvo encantado de que se lo pidiera. «Dije: "No haré esto por dinero. Sólo quiero participar." Porque ella era formidable.»

En julio, Gaga actuó en el desfile del orgullo gay de San Francisco. Llevaba un body blanco y negro, una chaqueta de esmoquin estilo New Wave (con capucha, por supuesto) y gafas de sol negras. La actuación estaba hecha a la medida de su público. Una de las bailarinas le agarraba la entrepierna y la vara luminosa tenía un papel predominante. Empezó con *LoveGame*, luego cantó *Beautiful, Dirty, Rich* y *Just Dance*. El escenario estaba pelado y se veían los cables de audio serpenteando por el borde, decorado con un par de carteles de Lady Gaga clavados con chinchetas. Pero ella actuó como si estuviera haciéndolo en un estadio lleno a rebosar. El número tenía mucha coreografía y ella se llevó la mayor ovación de todas cuando dijo: «¡Estoy jodidamente orgullosa de estar aquí!» En lo que se estaba convirtiendo en su demostración distintiva de intimidad, se quitó las gafas de sol durante el resto de la actuación.

Cuando, en otra actuación en Malta para la MTV, los organizadores le dijeron que su número tenía que terminar en un plazo de tiempo determinado, se dio la vuelta y exigió que el mánager de su gira, Ciemny, lo concretara. «Tengo que reconocérselo, me obligó —dice Ciemny—. Dijo: "No me contradigas. Hazlo."»

Su actitud pilló a Ciemny un poco por sorpresa, aunque no desentonaba de su conducta cuando se había reunido con ella un par de meses antes. Él había entrado gracias a alguien de su equipo de mánager. «Entró con sus Ray-Ban y llevaba ese maillot a lo Halle Berry y aquellas botas tan altas con tacones de aguja de quince centímetros —dice—. Iba toda de negro. Y con una sudadera con capucha y un postizo. Dijo: "Me tomo muy en serio lo que hago."»

Tras cinco días de prueba, contrató a Ciemny, que vio cómo se iban yendo uno tras otro los miembros del personal. Antes de que acabara él, en octubre de 2009, la había visto (en realidad no a ella, sino a alguien en quien ella delegaba) despedir a unas ciento cincuenta personas en total. «Todo tenía que ser perfecto —dice—. Si había un fallo técnico, no lo entendía. A veces rompía a llorar después de una actuación. Lo que sostiene es que nadie puede hacerlo tan bien [como ella]. Es muy detallista: "Dime por qué ha pasado esto; dímelo para que no vuelva a suceder." Tenía veintidós años.»

Dos semanas más tarde, después del desfile del orgullo gay de San Francisco, Gaga interpretó *Just Dance* en su actuación más importante e insólita hasta el momento: el 57 certamen anual de Miss Universo, en Vietnam. Consiguió el bolo porque alguien del sello discográfico conocía a los organizadores y era capaz de lograr que sonara *Just Dance* durante el desfile en bañador. Los anfitriones del evento: Jerry Springer y la antigua Spice Girl Mel B.

Gaga salió al escenario con la misma vestimenta que llevaba para los premios de la Logo, pero con unas hombreras tan grandes como las de Tina Turner en *Mad Max: más allá de la cúpula del trueno*. La chaqueta era nueva, beige, con mangas tres cuartos. Había suavizado el PVC negro y el corte recto de su melena platino, con el flequillo sobre la frente y el resto de la melena lisa y larga. Tampoco llevaba gafas de sol.

Quería establecer contacto visual con el público y con la cámara. No sólo la acompañaban dos bailarinas (de nuevo con mallas negras, sin nada destacado aparte de los hombros exagerados), pero tenía a las cincuenta aspirantes a Miss Universo restantes, en biquini, bailando a su aire detrás de ella.

Terminada la primera estrofa, Jerry Springer anunció: «Empezamos el desfile en bañador con... ¡Venezuela!» Siguieron Kosovo, México, Vietnam —en ese punto Gaga mantuvo su propia pose, con un brazo estirado y la cabeza levantada—, Sudáfrica, Australia, Japón —Gaga permaneció inmóvil, impertérrita—, República Dominicana. Y entonces Gaga cobró vida y se adueñó del escenario para cantar otra estrofa antes de que la interrumpieran con Italia, Colombia, Rusia, Hungría, la República Checa, Estados Unidos y España. Como Gaga, todo aquello era ridículo e inteligente en el fondo. Casi nadie sabía quién era, y ella estaba disfrutando de diez minutos de difusión televisiva mundial para una remezcla ampliada de *Just Dance*, por no hablar de la pegada que el desfile en bañador tendría *online*.

Y sacó la vara luminosa, que, dicho sea de paso, nunca perdía de vista. Ni siquiera la facturaba con el equipaje en el aeropuerto. La llevaba encima en el avión, siempre, y cada vez la paraban en el control de seguridad. Le daba completamente igual.

8

The Fame

The Fame salió a la venta el 19 de agosto de 2008, con muy buenas críticas. *Entertainment Weekly* le concedió una B y destacó que «en esta economía... su escapismo tiene sus encantos», e incluso su futuro gran antagonista en el *Guardian* británico, Alexis Petridis, escribió que «prácticamente en todo suena a otra canción de éxito». «*The Fame* prueba en su totalidad que ella es más que una canción de éxito y unos cuantos trucos de escenario.»

Gaga se pasó el verano y el otoño yendo en autocar y en avión, recorriendo Estados Unidos, robando la almohada de las habitaciones de los hoteles en las que se alojaba para viajar más cómoda hasta la siguiente parada. (Ciemny siempre se ofrecía a pagarlas; a veces los hoteles dejaban que se las llevara como regalo.) Su agenda era agotadora: se levantaba a las siete de la mañana como muy tarde, se pasaba todo el día en las emisoras de radio promocionándose, las comidas y las cenas las hacía con representantes de compañías discográficas, por la noche actuaba en clubes, vuelta al hotel, vuelta a levantarse temprano para tomar un vuelo hasta la próxima ciudad, del avión directamente a otra emisora de radio... lavar, aclarar y vuelta a empezar. Así se pasó seis meses seguidos, durmiendo a veces sólo cuatro horas por noche con suerte.

Actuaba para anuncios de hip hop, en clubes Top 40, en fiestas gais y lugares frecuentados por vaqueros, interpretando las mismas tres canciones: *Just Dance, Beautiful, Dirty, Rich* y *LoveGame*. También tocaba en la clase de locales frecuentados por la mayoría de pequeños grupos: parques de atracciones e institutos. Nunca se quejaba, o nunca se quejaba tanto como para dar a entender que alguna de aquellas actuaciones no estaba a su altura, que no era lo bastante *cool* para un espectáculo tan vanguardista.

David Ciemny llamó a su mujer, Angela, para un bolo en el sur de California, donde conocería a Gaga.

Angela recuerda que le sorprendió el local: «Me dije: "¡Oh, Dios! ¿Está actuando en Raging Waters?"* Porque había un montón de toboganes de agua y de niños.»

Gaga salió al escenario a las tres de la tarde, con unas botas de piel con el tacón de aguja y un maillot

---

* El mayor parque acuático de California. (*N. de la T.*)

negro. Estaban casi a cuarenta grados. El público no sabía muy bien cómo tomársela. «La gente reía, como diciendo: "¿Qué hace esta chica? ¡Qué demonios!"» A Angela le pareció fantástica.

«Estuve entre bambalinas con David y me la estaba presentando y yo le hablaba cuando empezó a quitarse la malla delante de mí. Y yo le dije: "¿No tienes nada menos provocativo que ponerte para actuar?" Y ella: "No, éste es el *look*. No me importa lo provocativo que sea"», dice Angela.

En octubre de 2008, Gaga tenía que actuar en el acto de inicio de la gira de los New Kids on the Block. No daba un céntimo por su éxito —dice Jared Paul, el mánager de los New Kids, que cuenta que la invitó a participar en la gira porque los de Interscope le dijeron que lo tendría pensara él lo que pensara.

«Recuerdo estar sentado con mi equipo en una reunión diciendo: "No nos interesa esta chica, pero va a ser una gran estrella" —dice—. Era bastante obvio que el sello discográfico la estaba promocionando, así que todos salíamos ganando."» (Como la mayoría, Paul recuerda lo que llevaba Gaga cuando la conoció. «En agosto, a treinta y ocho grados —dice—. Llevaba un tocado y guantes hasta los codos, y va y dice: "Hola, soy Gaga."» Su primera reacción fue, según él: «¿De qué demonios va esto?»)

De nuevo, Gaga estaba contenta de estar allí. Pero también tenía una idea muy concreta de la clase de espectáculo que quería montar y que incluía varias pantallas LED para pasar «vídeos conmovedores», lo que ella llamaba *The Crevette Films* o *The Candy Warhol Films*: crudos y escalofriantes cortos con publicidad hábilmente encubierta (una práctica que luego elevaría casi a la categoría de arte en su vídeo *Telephone*). Era poco habitual que una artista desconocida actuara para el público mayoritario, pero fue su rareza —(¿Quién es esta chica rubia que combina su pelo con su modo de mirar fijamente a la cámara y de hablar de Dios sabe qué?)— lo que atrajo la atención de la gente. Gaga grabó los episodios iniciales en los pocos días que pasó fuera, en el vuelo, en un almacén de L. A.

La idea de los cortos de hecho fue de Ray Woodbury, a quien ella contrató como director creativo para la gira de los New Kids. Se reunieron por primera vez en un pequeño estudio de danza, en North Hollywood. «Ella no iba disfrazada ni nada —dice Ray—. Tardamos unos minutos en proponérselo. Se me había ocurrido la idea del vídeo conmovedor, que puedes cortar y volver a juntar para que las imágenes sirvan de telón de fondo. Era una idea completamente nueva para un acto de apertura de gira. Se lo enseñamos y le encantó, y lo entendió. Estaba muy predispuesta, sacó tiempo para grabar en vídeo en un almacén el material que saldría en pantalla. Todo fue sobre ruedas.»

Gaga tenía también su vara luminosa y dos pares especiales de gafas de sol negras de videovisión. Contrató a un ingeniero de la NASA para que se las fabricara por 15.000 dólares el par. (Era una fetichista con las gafas y viajaba con una caja de 150 pares de modelos clásicos.) Aquellas gafas de sol habían sido ideadas por la Casa de Gaga, a la que Gaga comparó con la Factoría de Andy Warhol, y acerca de la que iba a revelar poco: cuándo se fundó, quién lo hizo, aparte del estilista Matt Williams, quiénes son sus miembros clave. Diría que todo el que trabaja para ella en lo que sea es miembro, y que la Casa va de ayudarla a concebir y hacer realidad su visión creativa.

Aparte de gastar todo el anticipo de dinero en su vestuario en los gastos del espectáculo, Gaga tocó en clubes después de cada actuación de los New Kids para ganar más dinero con el que financiar más artilugios, aunque Interscope le había dado más libertad de presupuesto que a la mayoría de los artistas que empiezan. Su presupuesto, dice Woodbury, «era más abultado de lo normal» para un acto de apertura. «Pero creo que se decían: "No cabe duda de que tenemos un éxito, no hay motivo para hacer el capullo."»

Gaga había firmado lo que se conoce como un «contrato 360». Dado el golpe que la industria discográfica recibió tanto de la digitalización de la música como de la recesión, los sellos empezaron a promover estos contratos. En pocas palabras: un artista obtiene una inversión mayor del sello que con un contrato discográfico tradicional (de ese modo hay más probabilidades de que lo firme). Sin embargo, el sello se lleva un porcentaje de los beneficios del artista, procedan éstos de donde procedan: derechos, descargas, endosos o venta de camisetas. ¿Gaga firmaba un contrato con Polaroid, M·A·C o cualquier otra compañía? El sello se llevaba su porcentaje.

«Cuando Interscope decidió por fin que iría a por todas [con Lady Gaga], se comprometió a gastar un montón de dinero», dice una fuente anónima. Dice que oyó a alguien preguntarle a un ejecutivo de la Universal, la empresa matriz de Interscope: «¿Cómo vais a hacer que Lady Gaga triunfe?» Y el ejecutivo respondió: «Tiraremos la casa por la ventana.»

«Hicieron un montón de cosas para darle publicidad —dice la misma fuente—. Adjuntaron su vídeo a los vídeos de otra gente en YouTube, para que se abriera automáticamente. Gaga es una de esas artistas que causan sensación de la noche a la mañana que en realidad no causan sensación de la noche a la mañana. Hizo falta un montón de trabajo y muchas horas para conseguirlo.»

Estos contratos, sin embargo, son como la pescadilla que se muerde la cola. Sin la inversión, los artistas tienen menos posibilidades de triunfar, pero con la cantidad de dinero que la discográfica puede recuperar sumada a los porcentajes que saca, los artistas quedan prácticamente arruinados, o arruinados del todo. El truco: sólo el veinte por ciento del producto de un artista genera el ochenta por ciento de las ganancias.

Courtney Love sacó cuentas.

«Esta chica [Gaga] ha gastado dinero a espuertas —dice una fuente de alto nivel de la industria de la música—. Cuando ves a Gwen [Stefani] o a Fergie caminando por la alfombra roja, te dices: "¡Vaya! Son superestrellas." Esta chica empezó así de entrada. Su vestuario es caro... estamos hablando de 100.000 dólares por aparición, y eso sin el grupo.»

El coste de su gira mundial de 2010, estima esta fuente, está en unos 800.000 dólares semanales. «Cada una de sus fuentes de ingresos paga por eso —dice—. Y te aseguro que [la discográfica] saca eso de sus ventas publicitarias, del *merchandising*, de todo. Te lo garantizo.»

Esta misma fuente, como otras, predijo que Gaga acabaría por ser capaz de forzar un nuevo contrato, uno más ventajoso financieramente para ella, y el 1 de mayo salió la noticia de que ella y su mánager, Troy Carter, tenían la intención de renegociar el contrato con Interscope antes de que saliera al mercado su segundo álbum.

«Creo que [la discográfica] se da cuenta de que ahora están usando el dinero de ella —dice la fuente—. Así que le importa menos si se lo funde.»

«Sé que está teniendo algunos problemas por la cantidad de dinero que gasta estando de gira —dice otro veterano de la industria—. Tiene a Roy Bennet, uno de los principales diseñadores: ha trabajado con Madonna, Nine Inch Nails. Ella quiere que la experiencia sea sobrecogedora; quiere que la gente salga del estadio y diga: "No hay nadie igual que Gaga." Hay que aplaudirla por ello, [aunque] puede que no sea la persona más responsable en cuanto a las finanzas del mundo.»

Gaga, por otro lado, ha pensado, desde el principio, que era más arriesgado no gastarse el dinero. En 2008, dijo que sabía exactamente lo que hacía: «La gente desaprueba el sistema de las grandes discográficas —dijo—. Yo, por mi parte, estoy usándolo en mi provecho. Quiero crear algo grandioso, increíble, y quiero resucitar la industria de la música, recuperar a la auténtica superestrella, a la auténtica artista. Quiero volver a crear admiradores incombustibles. Quiero un sitio web como el de Perez Hilton, pero para Lady Gaga. Quiero que la gente se sienta parte de este estilo de vida.»

Su tendencia a gastar sin límite —en el diseño del escenario, los cortos, el vestuario, los peluqueros, maquilladores, bailarines y en billetes de avión de primera clase y clase Business para ella— ha sido, según una fuente, motivo de pelea entre ella y su padre, de quien es socia al cincuenta por ciento en Mermaid Music. Su arreglo también es bastante poco habitual.

«Nunca he visto nada parecido —dice Adam Ritholz, el abogado especialista en el mundo del espectáculo que representó a 'N Sync en la demanda que presentó en 1999 contra su antiguo mánager, Lou Pearlman—. No digo que no exista [pero] no me he encontrado con ningún otro caso en que el padre se lleve el cincuenta por ciento de las ganancias de un hijo.» Ritholz dice que el padre de un menor que está en la industria del espectáculo se lleva entre el quince y el veinte por ciento si ejerce de mánager.

«He visto un caso en que un padre financiaba la creación de un negocio para su hijo artista. Era un caso en que el padre invirtió sumas muy, muy elevadas y contrató profesionales y personal para *marketing* y promoción y todo eso.» En el caso de Gaga, «tiene que haber algo que se me escapa que justifique un reparto del cincuenta por ciento de las ganancias con su padre —dice Ritholz—. Pero te diré algo: si yo la representara, creo que tendría un problema con eso».

Su sello discográfico, entretanto, la convirtió en su máxima prioridad, debido en buena parte a lo duro que trabajaba. «Se debió a su entrega al trabajo —dice Woodbury—. Todos pasamos por alto el aspecto financiero porque tienes a una artista dispuesta a hacerlo, dispuesta a ensuciarse las manos. Cuando tienes este enfoque tan confiado, tan "esto es lo que soy, a esto me dedico, voy a ser la número uno"... se aúnan esfuerzos.»

Ella tuvo cuidado de atender al público de los New Kids, mujeres de treinta y tantos domesticadas en un viaje nostálgico. Antes del espectáculo, dice Ciemny, ella dijo: «¡Vamos a dar a esas brujas algo para bailar!» Dice que Gaga lo dijo con afecto, porque comprendía que un montón de aquellas mujeres, seguramente casadas y con hijos, casi nunca salían de noche.

La visión elaborada y extravagante de Gaga no pega con los New Kids ni con sus seguidores, aunque ella tenga una buena relación con el New Kid Donnie Wahlberg; es coautora de un par de temas de su álbum *The Block* e hizo un dúo con Wahlberg. «Los New Kids son una monada, pero decían: "Tíos, tenéis un acto de apertura. Esto es demasiado", dice una fuente que estuvo allí. Fue como: "Perdón, éste es nuestro espectáculo."»

Y eso no le cayó bien a Gaga. «Dijo literalmente: "Vamos y hagámoslo" —dice Ciemny—. Y ellos dijeron: "Tienes dos metros y medio de escenario para moverte. No puedes poner las pantallas esta noche", o algo así. Y ella perdió los estribos.»

«Quería tener una mayor presencia en el escenario de lo que permitía la producción —dice Woodbury—. Llevó las cosas un poco demasiado lejos; no aceptaba fácilmente un no por respuesta. Si no aceptas un no por respuesta para llegar a un acuerdo... tal vez ahí esté el problema.»

Exceptuando a Donnie, el resto de los New Kids no confraternizaban con Gaga. Todas las noches, preguntaba si podía interpretar una de las canciones que había escrito para el grupo con ellos, y todas las noches le decían lo mismo: «Sí, pero espera entre bastidores y ellos te llamarán al escenario.» Eso estuvo a punto de suceder una sola vez.

«Ella estaba a un lado del escenario, lista para entrar con sus monitores y sus micros, dispuesta a actuar, y entonces dijo: "Oh, creo que no será esta noche" —dice Ciemny—. Y le dije al mánager de los New Kids: "¿Qué pasa? Ya podríamos estar durmiendo en lugar de aquí esperando, dos horas más tarde de lo debido." Y ellos se limitaron a decir: "¿Sabéis qué? Esto es cosa de ellos. No depende de nosotros."»

Ahora el mánager de los New Kids dice, como muchos otros, que estaba claro que Gaga sería una gran estrella independientemente de que las disputas internas le impidieran hacer el espectáculo que ella deseaba. Él lo intuía, además de lo que el sello discográfico le daba a Gaga. «Aquella mujer invertía un montón de dinero, un montón de tiempo y un montón de recursos en su carrera. Jugaba para ganar. Estaba encima de todo. Y su mánager, Troy, estaba de su parte y creía en su visión.»

The Fame tardó meses en entrar en las listas de éxitos estadounidenses. Debutó en el número diecisiete de la Billboard 200, el 15 de noviembre de 2008. Gaga estaba de gira con los New Kids en enero y el durísimo programa de trabajo empezó a afectarla física y mentalmente. «Era un programa muy exigente —dice David Ciemny—. Cada dos meses le pasaba factura [a Gaga] y teníamos que reprogramar las actuaciones.» A veces se veía obligada a cancelar una, y eso era algo que detestaba.

Poker Face, el segundo sencillo del álbum, salió en septiembre de 2008. Gaga iba poco a poco ganando adeptos en Europa y Australia, pero su impulso en Estados Unidos era todavía muy pobre. Grabó el vídeo de *Poker Face*, para el que contó con un presupuesto mayor que para el de *Just Dance*. Se puso una máscara dorada (exactamente como una que había utilizado Róisín Murphy), una pieza metálica alargada en la mejilla izquierda, una manicura genial imitando cartas de la baraja, y el pelo recogido en un moño en la coronilla. (La primera versión conocida del moño se debió al grupo de la New Wave B-52s, en 1983, y Karl Lagerfeld lo copió para su desfile de la casa Chanel en febrero de 2010.) Gaga llevaba una malla ceñida —una tendencia que lanzó en verano de 2009—, un bañador azul neón y pesadas pestañas. En las imágenes ella sale de una piscina flanqueada por dos grandes daneses, juega una partida de *strip* póquer que acaba en orgía... y eso es todo. Hasta abril de 2009 no llegó al número uno de la lista de éxitos Billboard Hot 100 en Estados Unidos. Por la misma época arrasaba en el Reino Unido.

Era una joven solitaria que se pasaba casi todo el año en la carretera sin apenas días de descanso. El poco tiempo libre que tenía lo pasaba en la cabina de rayos UVA o viendo películas o *Padre de familia*, uno de sus programas de televisión preferidos. No podía estar sola, ni un minuto, ni siquiera para ducharse o echar una siestecita. Su aversión por la soledad, de la que Wendy Starland había sido testigo dieciocho meses antes, había empeorado. Gaga había contratado a la mujer de David Ciemny, Angela, para que fuera su ayudante personal, con la promesa de que sería «estupendo» trabajar para ella. Angela dice que fue reacia a aceptar, que quería que David dejara la gira para poder quedarse embarazada. Gaga la convenció. «Dijo: "Angela, si vienes de gira conmigo, dejaré que te acuestes con David para que puedas quedarte embarazada." Y me decía, todas las noches: "Vale, Ange, tú y Dave podéis ir a la parte trasera del autobús a partir de las diez y hasta medianoche."»

En realidad, cuenta Angela, dormía con Gaga más a menudo que con su marido. Aseguró que no había ningún componente sexual. Gaga no podía dormir si no era con alguien a su lado en la cama. Por la época en que contrató a Angela, Gaga y Matt Williams, que habían empezado a salir poco después de que ella lo contratara, habían roto, y él empezó a salir con otra estilista, Erin Hirsh. Pocos meses después Hirsh se quedó embarazada de Williams y Gaga a veces se reía y otras, en momentos de mayor vulnerabilidad, confesaba que le dolía. También echaba todavía mucho de menos a Lüc, pensaba en él y hablaba de él constantemente. Era una joven que se había criado con unos padres que siempre estaban a su disposición, que había tenido una vida realmente privilegiada en Manhattan, muy protegida, cuyas amigas seguían en casa a los veintidós años, asistían a clase y a fiestas y ligaban con chicos y tenían resaca y empollaban para los exámenes finales. Lo corriente. Ella no quería ser corriente, pero era más duro de lo que esperaba estar siempre de gira, rodeada de una gente que era muy amable con ella pero que, sin embargo, estaba en nómina. No eran verdaderos amigos.

Retuvo a Williams en su equipo, a pesar de todo, y mantuvo con él una relación tan profesional como pudo, algo impresionante teniendo en cuenta que estaba todo el día de acá para allá y que acababa de perder a uno de sus pocos confidentes. En el peor de los casos, pedía a un miembro del personal que ejerciera de intermediario para entregarle a Matt un mensaje.

Generalmente le costaba.

Angela intentaba ayudarla. Dice que le hacía de «hermana mayor» a Gaga y se refiere con entusiasmo a las idas de quince minutos al salón de bronceado las dos juntas como prueba del vínculo que las unía. Cualquier otro tiempo libre que Gaga tuviera lo invertía en revisar su presencia en los medios *online* o leyendo las notas manuscritas y los tributos de sus admiradores, que llevaba siempre en el bolso. «Literalmente... nos maquillábamos juntas todas las mañanas y nos preparábamos para ir a la cama juntas por la noche», dice Angela. También se duchaban juntas, dice, porque tenían muy poco tiempo para arreglarse por las mañanas. Pero era también, según ella, una manera de intimar.

Las pocas veces que Angela iba a la habitación de David y suya cuando terminaba la jornada, cuenta,

Gaga se ponía nerviosa. «Yo le decía: "Gaga, tengo un marido con el que debo estar. Estaré en la puerta de al lado." Y ella me llamaba y me mandaba un mensaje de texto: "Te echo de menos, Ange, ¿puedes volver?" Luego le decía a Dave: "¿Puede tu mujer quedarse conmigo esta noche, por favor?" Así que dormía en la habitación de Gaga, porque, ¿para qué irme a mi habitación con David si tenía que levantarme al cabo de una hora para volver?»

¿Cómo encaja este relato de soledad y necesidad con la misma intérprete intrépida que se declara «una zorra libre» actuación tras actuación? «Tiene gracia —dice una fuente—. Siempre ha tenido esa fuerza increíble y, sin embargo, al mismo tiempo, en lo íntimo está muy necesitada.»

De algún modo, Angela consiguió quedarse embarazada durante la gira, y dice que su relación con Gaga y el mánager de ésta, Troy Carter, empezó a deteriorarse. «Durante el segundo mes empecé a tener unas náuseas tremendas por las mañanas, y eso ejerció tensión sobre nuestra relación. Yo le dije: "No voy a acudir a una llamada a las cinco de la madrugada porque voy a estar devolviendo, así que nos veremos a las ocho. Pero ya tendré tus maletas a punto."» Eso estuvo bien hasta que Gaga empezó a preparar su actuación a última hora. «No le iba bien porque supongo que llegaba [al lugar de la actuación] y empezaba a prepararse y decía: "¡Ange ha guardado esto y no sé dónde está nada y tengo que salir al escenario dentro

de quince minutos y no encuentro las pestañas posti-
zas!", o lo que fuera.»

Poco después, Angela olvidó llevar pantis nuevos
para una actuación matinal. Dice que supo entonces
que tenía que dejarlo, que aquel error era demasiado
grave. «Troy simplemente me miró, como si dijera:
"Angela, ¿bromeas?" Me dijo: "Necesita medias sin
agujeros." Y yo dije: "Lo siento de veras, no volverá a
suceder, no hace falta siquiera que me lo digas."»

Al cabo de poco Angela le dijo a Gaga que lo dejaba.

Casi inmediatamente después de finalizar la gira
con los New Kids, Gaga se embarcó en la gira europea de las Pussycat Dolls como telonera. Las Dolls y
su equipo reaccionaron igual que lo habían hecho los
New Kids y su mánager: en pocas palabras, caos y
desinterés.

«Creo que fue idea de Jimmy Iovine», dice Nicole
Scherzinger, cantante de las Dolls, por teléfono, una
mañana temprano antes de ir al ensayo de *Dancing
with the Stars,* donde compite contra, entre otros,
Kate Gosselin, la mala de los *reality shows* y el astro-
nauta Buzz Aldrin.

«No hay que olvidar que Gaga no era... Creo que
había sacado un único sencillo. *Just Dance* —dice
Scherzinger—. Nadie había oído hablar de ella.»

¿Cómo se lo propusieron al grupo? «[El sello] dijo:

"Va a ir con vosotros de gira, chicas." Nosotras dijimos: "¿Ah, sí?"» Scherzinger todavía parece desconcertada y asombrada. Había visto a Gaga una sola vez, en una fiesta de Interscope en el Foxtail Club del Sunset Boulevard de Los Ángeles, a mediados de 2008. «Fue un acontecimiento —dice, refiriéndose a la entrada de Gaga, no a la fiesta—. Me asombró lo que llevaba. Debía llevar veinte kilos de pelo en la cabeza. Unas pestañas que pesaban una tonelada. Se le cerraban los párpados y hablaba parpadeando, interpretando su coreografía como si estuviera en una clase de jazz. Es una bola de energía, una verdadera chica de... No sé. ¿Es de Long Island o algo así?»

De la ciudad de Nueva York.

«Piensa rápido, habla rápido —dice Scherzinger—. Es puro dinamismo.»

En marzo, Lady Gaga empezó su propia gira de veintitrés conciertos por Estados Unidos, tocando en pequeñas salas como la House of Blues de Chicago y el club 9.30 de Washington, D.C. Llamó al espectáculo «The Fame Ball», y mientras estaba de gira con las Pussycat Dolls, ella y su equipo de producción Haus idearon tres versiones distintas del espectáculo que encajaran con los tamaños y estilos de los distintos locales. Contrató o rechazó personalmente a todos los miembros del personal para la gira. «Ella dijo: "Fui a ese espectáculo de rock y fue uno de los mejores que había visto jamás" —cuenta David Ciemny, que no recuerda al grupo pero dice que— era uno de esos espectáculos ingleses en los que todos tienen el mismo aspecto y tocan la guitarra.» En cualquier caso: «Ella dijo: "Fui a ese espectáculo y nunca he olvidado la iluminación. Encuentra al tipo que lo haga para esta gira."» Así que Ciemny buscó al diseñador de iluminación Martin Phillips, que ideó la iluminación de Nine Inch Nails y Daft Punk, se reunió con él en Londres y le contrató.

«Cada actuación iba a ser un espectáculo de primera por el tiempo que me pasé gritándole a todos: "¡Cuélgalo! ¡Cuélgalo! ¡Busca dónde colgarlo! —dijo Gaga a Billboard.com—. Iba a ser mi lema.»

Durante la gira, *Just Dance* y *Poker Face* sonaban por la radio. Si tenía dos días libres seguidos, Gaga se tomaba uno como mucho e invertía el otro en filmar nuevos cortos en un almacén o en ir a entrevistas, o en una lluvia de ideas con Matt Williams sobre vestuario, maquillaje y decorados. Su imagen se estaba sofisticando, aunque tuviera limitaciones presupuestarias. Su melena, por ejemplo, era una pesadilla.

«El primer año que estuve trabajando para ella, sus extensiones fueron un gran problema», dice David Ciemny. El equipo de Gaga se preocupaba por dónde conseguirían el siguiente lote (casi siempre de la India), por si era el rubio adecuado, si podían conseguirle una cita con una de las pocas personas que sabían cómo aplicar bien las extensiones. «Era verdaderamente difícil para ella —dice una fuente—. Cuando llevas extensiones, no puedes lavarte la cabeza.» El cuero cabelludo se le irritaba y tenían que quitarle las extensiones y reemplazarlas por otras cada tres semanas, con un coste de entre cuatrocientos y setecientos dólares. Era un proceso de seis horas que a veces no podía empezar hasta las dos de la madrugada.

«Era tan doloroso que lloraba —dice la fuente—. Parece ridículo, siendo como es una persona exigente, que estuviera dispuesta a soportar las extensiones. Pero es esclava de su imagen. Vive para eso. Así que lo soportaba.»

Por fin se libró de las extensiones, en diciembre de 2008. Estaba en casa, en Nueva York, con sus padres, porque tenía que actuar en el Jingle Ball del Madison Square Garden, que todos los años emitía la Z100, la mayor emisora de radio del país. También iba a ser la artista principal del baile de Año Nuevo, en el Webster Hall del East Village (las entradas más baratas valían setenta y cinco dólares; el club tiene un aforo de 2.500 personas). Así que el pelo era importante.

Se fue a la peluquería a las seis de la mañana para que le quitaran las extensiones, volvieran a teñirla de rubio y le aplicaran de nuevo las extensiones. Angela Ciemny había ido para verla actuar y fue con la madre de Gaga, Cynthia, y su hermana menor, Natali, a recogerla a mediodía.

Las extensiones, dice Angela, «eran la cosa más dura, la más terrible. Era muy duro, para ella y para mí». Dice que, durante el viaje en coche desde la peluquería, el alivio que todas sentían era abrumador. «Todas nosotras rompimos a llorar —dice—. Estábamos tan contentas por ella... Se pasaba los dedos por su pelo natural, que no se había tocado desde hacía meses. Nunca lo olvidaré.»

Scherzinger también estaba impresionada por la dedicación de Gaga a su estética. «Recuerdo una vez, estando de gira, que estábamos en el aeropuerto a las siete de la mañana para tomar un vuelo internacional y ella iba por la terminal con un par de medias de red, un tanga, una americana que no alcanzaba a cubrirle el tanga, sujetador y unos tacones descomunales. Creo que a veces duerme con las medias de red y los tacones.»

A menos que tenga un momentito entre que se levanta y toma un vuelo agotador, Gaga se viste como cualquier otra chica que se va de fin de semana: con vaqueros, camiseta, sin maquillaje. Le gusta la relativa facilidad con la que pasa desapercibida. Pero desde que la prensa sensacionalista inglesa —porque en Inglaterra era mucho más famosa— empezó a fotografiarla sin maquillar, se negó a arriesgarse a que la pillaran con la cara lavada. «Eso le dio todavía más trabajo», dice Angela Ciemny.

En Estados Unidos la contrataron para los programas *Jimmy Kimme Live*, *The Tonight Show* y *The View*. A ella le costaba ceder el control, según David Ciemny. «Sólo perdía la compostura y se estresaba antes de salir por televisión.» Después de cada grabación pedía ver la filmación antes de que saliera por antena. «Decía: "Quiero hablar con el director" —esos productores y directores de Hollywood con treinta años de carrera que ganan quinientos dólares en un minuto—. Y el director decía: "¿Quién es usted?" —cuenta Ciemny—. Era una petición inusual, pero una que casi siempre hacía.»

Miraba la grabación de su actuación como una atleta mira la de su participación en una competición. «Decía: "¡Oh, Dios mío! ¿No he estado mal aquí? ¿Esto es *cool*? ¿Es soportable?"», dice Ciemny. Normalmente no era posible repetir la actuación, pero eso le impedía pedir verla, como había hecho después de su primera aparición en televisión, en los premios Logo. «¿Sabes qué? —dice Cimny—. Michael Jackson era igual.»

En diciembre de 2008, *Just Dance* fue nominado para un Grammy. En febrero de 2009, Gaga actuó en los premios Brit cantando con los Pet Shop Boys, vestida de porcelana como una taza de té. En abril de 2009, era toda una estrella en el Reino Unido: su álbum era número uno y ella uno de los personajes favoritos de la prensa sensacionalista. También empezó a llevar a todas partes una taza de té con su platillo, lo que ella consideraba una *performance*. La taza de té, a fuerza de asociarla con ella, se convirtió en una sensación mediática: la gente quería saber a qué se debía, por qué la llevaba y, si no la llevaba, por qué no lo hacía.

«No tiene nombre, pero ya es bastante famosa, así que me la he quedado hoy», decía Gaga por entonces.

Llevaba la taza —y la sostuvo delante de la cámara diez minutos— cuando apareció en el popular programa de televisión de la BBC *Friday Night with Jonathan Ross*. La entrevista fue motivo de titular porque Ross le preguntó acerca de los rumores de que era un hombre o un hermafrodita. (Volvieron a cobrar fuerza después de su aparición en el festival de Galstonbury, unas semanas más tarde.) Ella ni se inmutó: «Tengo una polla realmente grande», dijo, con lo que arrancó una gran carcajada al público. Yuxtapuso a su bravata una imitación de la princesa Diana, respondiendo a las preguntas de Ross hablando como una niña, con la cabeza baja y echándole miraditas por debajo del largo flequillo como si buscara su aprobación.

Gaga solía decir que *The Fame* y *The Fame Monster* están en parte inspiradas en Diana y su muerte, tras la persecución a toda velocidad de un paparazi, en un túnel parisino, en agosto de 1997. (Luego dijo que su innovadora actuación en los premios musicales de la MTV de aquel año era un comentario sobre la muerte de Diana, una vaga asociación como mucho.) Su viejo amigo el fotógrafo Warwick Saint, que estaba con ella esa noche en Inglaterra, dice que a Gaga en realidad le gusta que la persigan los paparazis. «Íbamos en una de esas pequeñas furgonetas a la BBC y miré por la ventana trasera, y ahí estaban todas aquellas motos —recuerda—. Y ella dijo simplemente: "Todavía no has visto nada, Warwick." Me parece que le gusta. Es su hábitat natural; está como pez en el agua. Le dijo al equipo, que iba en el coche: "Sólo aseguraos de que salgo bien."»

Después de comer en un restaurante chino del Soho llamado Hakkasan, fueron al exclusivo Groucho Club. Sea lo que sucedió a continuación cierto o no, el mérito de que saliera en los periódicos y en los blogs es de Gaga. Fue a cenar después de la actuación en su coche, la llevaron de vuelta al hotel, subió a su habitación y se dio cuenta de que se había dejado la taza de té en el restaurante y mandó un coche de vuelta a recogerla.

El *Sun* —posiblemente el peor tabloide británico— publicó un dramático relato de esta ridícula petición de la estrella del pop. La parte relevante;

Una fuente dijo: «Armó un escándalo y exigió que alguien le devolviera su taza.»

«No podía beber de ningún otro recipiente. A mí me pareció igual que cualquier otra taza y ponía *"Made in China"* debajo. Un escándalo por nada.»

Un portavoz de Lady Gaga dijo: «Lady Gaga no quiere revelar nada acerca de la taza de té, pero tomar té de jengibre es muy bueno para los cantantes.»

Saint, que salió con Gaga esa noche casi por casualidad —estaba tan emocionado de haber recibido una invitación de última hora suya para salir que aplazó su vuelo de regreso a la mañana siguiente— dice que fue una noche de Martinis con lichis y buena comida. Y pagó la cuenta. «Desde entonces no he vuelto a verla ni a hablar con ella.»

Lady Gaga seguía luchando para conseguir algo parecido al reconocimiento en Estados Unidos. En marzo, tenía que aparecer en un programa matutino de entrevistas, *The View*, que retransmitía en directo desde Disneylandia. Tenía que estar en el lugar de la filmación a las cinco de la mañana para la emisión de las ocho de la mañana en la Costa Oeste, donde el programa se veía a las once.

Unos días antes, el periodista Jonah Weiner la había entrevistado en L. A. Acababa de aparecer en KIIS FM, en Burbank, y Weiner había asistido a su actuación en vivo en el estudio.

«Supuestamente teníamos que vernos en su apartamento de Koreatown», relata Weiner. Había buscado en Google la dirección y descubierto que se trataba de un vecindario común de clase media, «de casas en serie y monovolúmenes», dice el periodista. Luego el publicista de Gaga cambió el lugar de reunión por un encuentro en un parque de cemento de esos en los que los trabajadores van a la hora del almuerzo.

Cuando se vieron, Gaga llevaba unos pantalones blancos de látex, una americana de piel violeta y gafas de sol trapezoidales. Le dijo a Weiner: «Es como que me he dado cuenta de que no quiero que veas dónde vivo.» Él sospechó que no estaba muy hecha a los medios, algo que consiste básicamente un curso intensivo de cómo afrontar las entrevistas y la publicidad, responder diplomáticamente, estar siempre a punto para hablar de cualquier tema, defenderse y desviar la atención.

«Me pareció que intentaba pillar al vuelo la cara que iba a poner a continuación, lo que estaba dispuesta a revelar de sí misma —dice—. Era su primera gran entrevista. Se trataba del caso en el que ves tu complejidad íntima sublimada en un artículo de tres mil palabras.»

Al mismo tiempo, según Weiner, Gaga parecía ir un paso por delante de él. Cuando intentaba pedir una botella de vino, ella declinaba la oferta, diciendo que estaba de ensayo, pero insistía en que el camarero le llenara el vaso a él y le decía que sabía lo que intentaba, que los periodistas siempre intentan que sus entrevistados se emborrachen, pero que sería ella quien lo emborrachara a él. «Se comportaba con una coquetería cautivadora, pero siempre entre comillas —dice—, comentando las estrategias para entrevistar y los tropos de los periodistas.»

Flirteaba, pero de un modo tal que daba a entender que la seducción mutua en las entrevistas apenas se asemeja a los intentos de espiar para sacar información.

«Hablaba con una voz fingida, casi de niña, cuidando las «p» y las «t» —dice Weiner—. Algo que resulta un contraste muy útil cuando tenía letras tan picantes como la de *Poker Face*. Era igualmente contradictoria conversando; parecía transparente e indecisa en igual medida. Cuando le planteaba una pregunta que no quería responder —y que casi siempre tenían que ver con el sexo—, decía: "No quiero decírtelo" o "Eso es asunto mío únicamente".»

Al día siguiente salió en *The View*, y su conducta fue bastante diferente de la prepotencia de la que había hecho gala en el Reino Unido. Se comportó en este caso como la chica americana muy ocupada desde los catorce años, que estaba «tan agradecida», que «rezaba sus oraciones todas las noches» y cuyo éxito creciente era «tan emocionante». Llevaba el pelo cortado recto, muy rubio, con mechas moradas y un vestido corto estilo Judy Jetson. «Me encantan las medias», dijo la coanfitriona Sherri Shepherd. Gaga interpretó luego *Just Dance* para un reducido público del Medio Oeste que daba saltos torpemente.

Weiner estaba en la grabación y una empleada le pidió que fuera al tráiler de Gaga. «Alguien vino a decirme: "Eres taaaan afortunado." Y yo le pregunté: "¿Por qué?" Y me dijo: "Gaga quiere enseñarte algo que nunca le ha enseñado a nadie."» Cuando entró, se estaba maquillando, con el flequillo apartado de la cara. Le enseñó excitada una foto de un nuevo elemento para el escenario en el que estaba trabajando: un piano Lucite lleno de burbujas transparentes.

«Dijo: "¿No es guay?" Y yo dije: "Sí." Y se despidió de mí.»

El piano lleno de burbujas era un complemento del vestido de burbujas con el que debutó en la primera noche de su gira Fame Ball Tour, el 12 de marzo. También salió en la portada del número especial de la revista *Rolling Stone* de mayo. Era una copia del vestido de la colección de primavera 2007 de Hussein Chalayan, algo a lo que ella no hizo mención alguna. En febrero de 2010, cuando estrenó lo que llamaba «el vestido viviente» —un largo y arquitectónico vestido blanco, con un vertiginoso tocado y delicadas alas desplegables de hada madrina, que se abrían y cerraban solas—, no cometió el mismo error. En un mensaje en Tweetie, antes de estrenar el vestido en la actuación de Liverpool, escribió: «Esta noche Haus Vof Gaga estrena "el vestido viviente" inspirado en Hussein Chalayan, como un momento de moda para interpretar en un espectáculo pop en el *Monsterball*.»

El primer gran avance de Gaga en Estados Unidos fue en abril, cuando la contrataron para actuar en el programa *American Idol*. Pregrabó su actuación, de la que hizo tres versiones distintas, y los preparativos y los problemas técnicos entre tomas fueron tan largos que, al término de la segunda actuación, se le dijo al público que se marchara si lo deseaba, cosa que hicieron la mitad. Un periodista de EW.com que estuvo en la grabación describió la reacción de los espectadores a la primera actuación de Gaga, en la que emparejó *Bad Romance* con *Alejandro*, un tema mucho peor, con una fuente de agua enorme, fuegos artificiales, hielo seco, ella con un body de encaje encima de un tanga y el sujetador y bailarines de tango:

> ... El público se había quedado tan sin habla por el espectáculo que luego... los asistentes tuvieron que recordar a todos que a ellos también los recogía la cámara y que tenían que, ¿sabes?, parecer emocionados de estar allí.

Mayo fue un mes pesado. Gaga actuó en su recién famoso espectáculo en el Terminal 5 de Nueva York, al que arrastró a Madonna y a su hermana Lourdes, y de pronto la industria le prestó atención. Actuó cuatro veces más, una en Austin, Tejas, y el resto en California, incluida la actuación de una reunión anual de lesbianas en Palm Springs conocida como el Dinah Shore Weekend.

«No era una gran estrella cuando la conocí», dice Mariah Hanson, propietaria del Club Skirts, el local que acoge el Dinah. Pero en la época en que Gaga actuó en el evento, *Poker Face* iba escalando posiciones en las listas de éxito, así que Hanson quedó incluso más impresionada cuando vio que Gaga se entregaba al «250 por ciento».

«Demostró por el público —en el que había gais, lo que no es común— mucho cariño y aprecio.» Además, ¡se puso el vestido de burbujas! «Bromeaba acerca de su bisexualidad, del origen de las letras de sus canciones, y el público se lo tragó y se volvió más efusivo.»

Hanson programa un montón creciente de actuaciones y no es infrecuente que se lleve una decepción. «Por ejemplo, tuvimos a Ke$ha este año —dice—. No tiene un gran espectáculo. No es que no vaya a tenerlo al final, pero Lady Gaga ha nacido para esto. Comprende la importancia del arte de la fusión y del *marketing*. Cuando pensamos en Lady Gaga, pensamos en Cher o en Madonna, y eso que sabemos de ella desde hace menos de un año.»

El 28 de mayo, su vídeo para *Paparazzi*, dirigido por el premiado e idiosincrático Jonas Åkerlund (Madonna, U2, los Smashing Pumpkins), se filtró. O al menos eso dijo ella en Twitter: «Parad de filtrar mis jodidos vídeos», escribió. La polémica, por supuesto, no hizo sino generar más interés por el clip, con siete minutos de duración añadidos en el que Gaga hace de estrella a quien su novio tira por el balcón (papel que interpretó Alexander Skarsgård, de *True Blood*, que generó aún más controversia con sus comentarios acerca de lo que le había disgustado tener que besarla). Ella sale en silla de ruedas, con un collarín, bailando y liándose con metaleros en un sofá y luego, al final, mata a su novio.

Tuvo una típicamente efusiva ayuda de Perez Hilton, que lo colgó en su página con una reseña: «¡La nueva princesa del pop, Lady Gaga, ha creado una obra maestra! —escribió—. Es su trabajo con más fuerza hasta el momento. Se trata de una minipelícula. Es arte. Es pornografía visual. Es sátira.

Es una crónica. ¡Es brillante! *Y, NO estamos exage-rando.*»

Fue su esfuerzo más sofisticado, una vuelta a las minipelículas largas y con trama que intérpretes como Michael Jackson, Madonna y Guns N'Roses producían en los ochenta y los noventa. Algunos de sus referentes pop: *Vértigo* de Alfred Hitchcock, el grupo metalero Warrant, y Minnie Mouse, de quien Gaga iba disfrazada en la escena del asesinato. El estilismo era de la esposa de Åkerlund, B. Fabricó, entre otras cosas, la infamemente adornada silla de ruedas del vídeo. Gaga la contrató.

«Se cayeron bien, pero no duró mucho», dice una fuente. Gaga confiaba sobre todo en Matt Williams. David y Angela Ciemny describen a Gaga y Williams como «dos gotas de agua», tanto en lo personal como creativamente. (El otro miembro esencial del grupo, la única persona que ocupa su cargo desde hace mucho, es su coreógrafa, Laurie Ann Gibson, cuyo mejor trabajo previamente había sido en el programa de P. Diddy de la MTV *Making the Band*.)

«Matt no es la persona más sociable del mundo, pero es increíblemente creativo —dice Angela Ciemny—. Es un apasionado del diseño clásico en todos los aspectos: tecnología, vestuario, todo eso.» Investigan juntos, dice Angela, en libros raros de diseño y viejas biografías, luego sacan adaptaciones modernas, tomando elementos sueltos, coordinando la logística. Aunque «Gaga compartía un montón de cosas conmigo acerca de la gente que formaba parte de su vida y él era alguien por quien se preocupaba de verdad», Angela admite que no sabe absolutamente nada de Williams.

Como sucedió con David Ciemny, a Williams y Gaga los presentó alguien del equipo de Troy Carter, y esa persona no dijo nada más. La gente que conocía a Williams en Nueva York y que trabajaba con él en L. A. dice que no sabe apenas nada de él. Es de California. Quería trabajar en el mundo de la moda. Puede que haya trabajado o no en Proenza Schouler. Apenas habla. Un día desapareció y reapareció en L. A. y empezó a salir en serio con Erin Hirsh, la estilista que trabajaba para Kanye West. Gaga había intentado que Hirsh trabajara para ella, pero a Hirsh no le interesaba. Le recomendó a Matt Williams, que entonces dejó a Hirsh y empezó a salir con Gaga. Williams le dijo a Gaga que Kanye era fan suyo, que le encantaba su estilo, y ella se puso paranoica y le advirtió: «¡No le digas a Kanye lo que estoy haciendo!»

La única cosa que todos recuerdan de Williams: parecía un oportunista y no demasiado sutil.

«Era increíblemente guapo», dice una fuente, que se relacionaba con Williams en Nueva York en 2007 y que comenta que éste intentaba introducirse en su círculo social, del que formaban parte actores y diseñadores y estaba dirigido por Jack McCollough de Proenza Schouler.

Según otra fuente, McCollough no quería saber nada de Williams. Por entonces pasaba un montón de tiempo con el diseñador de moda Ben Cho, un tipo joven, con talento y popular: el rey del mundillo del Lower East Side. Cho tenía amigos con influencias en todas las subculturas, ponía en contacto a *skaters* con jóvenes actrices, a jóvenes actrices con fotógrafos, a fotógrafos con artistas, diseñadores y músicos. Salía con actrices como Chloë Sevigny, Christina Ricci y Natasha Lyonne; con el fotógrafo Ryan McGinley y el artista Dash Snow; con el cantautor Chan Marshall (alias Cat Power). Les conseguía tatuajes a sus amigos, los acogía en su fiesta semanal del domingo por la noche en el club Sway. Si querías estar en el meollo del mundillo artístico del centro de Nueva York, Cho era la clave.

«Al minuto de conocer a Matt ya no confiábamos en él —dice un amigo de Cho—. Ben estaba enamorado de Matt y Matt salía con Ben las veinticuatro horas los siete días de la semana. A nosotros nos parecía alguien de muy poca confianza y de carácter dudoso. Todos le considerábamos un trepa.»

«Era siempre muy calculador —asegura otra fuente—. Recuerdo una noche en una cena en el West Village con Matt y Ben. Ben estaba realmente encantado con Matt. Pero él estaba sentado allí, tan mono, y luego abría la boca y era un impaciente... No lo recuerdo como un Oscar Wilde en el jardín, ¿sabes?»

«Recuerdo a Matt como un joven impaciente —dice otro conocido de esa época—. Iba vestido a la última. Salía con Ben y con el fotógrafo [en alza] David

Sherry. No hay duda de que quería estar conectado con la gente [que importaba], pero de hecho me causó buena impresión.»

Esta fuente, como Brendan Sullivan, recuerda que el entorno de Williams estaba formado sobre todo por gais que trabajaban en el mundo de la moda. En cuanto a los hombres por quienes se interesaba, la fuente dice que «realmente no quería ir por ahí. Podía acercarse a una fiesta de pijamas y gilipolleces de ésas, pero nada raro. Un amigo de Ben Cho recuerda que éste iba por ahí presentando a Williams como su novio, y otro no está seguro exactamente de qué iba aquella relación. Pero el amigo de Cho dice que cree que Williams y Cho eran pareja, y que a Williams le daba igual a quién hiriera, que no tenía ningún inconveniente en usar a la gente y luego dejarla tirada.

Ambas fuentes dicen que Cho se quedó hecho polvo cuando Williams, de repente, se marchó a California. Nadie sabía por qué se iba ni qué planeaba hacer allí, y luego, meses más tarde, se enteraron de que trabajaba para Lady Gaga.

9

La anatomía ofendida

Volvamos a mayo de 2009 y a L. A., donde Gaga apareció en *The Ellen DeGeneres Show*, con su ahora famoso casco orbital rotativo. «Es mi barrera —le dijo a Ellen—. Es mi Gaga barrera.» Luego interpretó *Poker Face*, empezándolo como un número de cabaré antes de meterse de lleno en un baile con esferas girando. El mismo día tenía una sesión de fotos para la revista *Rolling Stone*, de las cinco y media de la tarde a las doce de la noche, para la cubierta de su suplemento anual. El fotógrafo era el famoso David La-Chapelle. Luego, a la noche siguiente, el 12 de mayo, tenía una actuación en vivo en *Dancing with the Stars*. Y a la siguiente se iba en avión a Australia para unirse a la gira de las Pussycat Dolls. Por entonces era la única artista del programa de la que todos hablaban.

«Íbamos al servicio de comida y bebida y allí estaban los periódicos locales y las revistas, y los titulares decían: "Gaga domina" —dice Ciemny—. Y las Dolls estaba justo allí sentadas. Era embarazoso.»

Scherzinger, la líder de las Pussycat Dolls, dice que estudiaba a Gaga desde un lado del escenario todas las noches. «Recuerdo que la miraba actuar, sus ojos —dice—. La miraba y me decía: "Me da miedo." Como artista, quisiera ser lo bastante osada para comunicar ciertas cosas, pero a veces me reprimo. Ella no tenía límites, no tenía miedo, y lo hacía de un modo tan creativo, tan teatral, que me hacía decirme: "¡Caray, tú puedes hacer esto!" Tenía en mente tantos vestidos, tantas ideas nuevas, las creaciones artísticas más sorprendentes.»

Y en cuanto a si las otras Dolls se sentían eclipsadas, como se ha dicho, Scherzinger comenta: «No creo que se sintieran así, me parece que pensaban que ella era una fuerza con la que tenían que lidiar.»

«Era un poco incómodo —dice David Ciemny—. Era una situación un poco comprometida.»

Por entonces, Gaga salía con un chico conocido por el sobrenombre de Speedy (su verdadero nombre era Frank Lopera). Ella y Williams habían roto, y Williams había retomado su relación con Erin Hirsh. Lo que hacía Speedy para ganarse la vida no está claro. Ha sido alternativamente descrito como modelo, artista y empresario de bebidas energéticas. Se le mencionaba en el artículo de la *Rolling Stone* como un personaje secundario, igual que a Lüc, a quien ella describió como su gran amor perdido: «Yo era su Sandy y él era mi Danny, y yo rompí», declaró a la revista. También se refirió brevemente al hecho de ser bisexual, pero que no quería hablar de ello porque sería explotación.

Sobre Lüc se decía que ella había roto con él el diciembre anterior, pero que todos los que la trataban de cerca sabían que no había terminado con él.

«No creo que nunca terminara con Lüc, ¿sabes?», dice Angela Ciemny. David está de acuerdo: «Siempre ha sentido algo por él que va más allá... y él lo sabe y saca provecho de ello.» Más adelante, aquel mismo año, en noviembre, Lüc apareció en la fiesta de lanzamiento del disco de Gaga en la desaparecida tienda Virgin de Union Square, en Manhattan. «Lo equiparo a una droga —dice David—. Quiero decir que hablaba con ella horas y horas acerca de él. Se presentó en la tienda Virgin y había centenares de chicos haciendo cola y en lo único que ella podía pensar era en que "Lüc ha venido, oh, Dios mío, Lüc ha venido". Daba igual lo que estuviera haciendo o con qué chico estuviera, cuando iba a Nueva York, iba a estar con Lüc.»

Él también acudió, mucho después de su ruptura, a la fiesta de lanzamiento de su disco en el Highline Ballroom de Nueva York, donde, según una fuente, se dedicó a decir que ella hacía demasiado *playback* y que él estaba intentando que dejara de hacerlo. Nadie entendía qué veía en aquel tipo. Tal como a Brendan Sullivan le gusta decir: «Lüc. El jodido Lüc.»

Volvamos a Speedy. «Ella parecía verdaderamente prendada de él —dice Scherzinger—. La recuerdo hablando de ir de vacaciones con él.» (Los fotografiaron a ambos en la playa de Hawái, en junio. Fueron las primeras fotos de paparazis estadounidenses de Lady Gaga, desde su transformación en Lady Gaga, sin maquillar. Llevaba un traje de baño negro de una pieza y chanclas; las cejas teñidas de rubio y el pelo, el de verdad, estropeado. Curiosamente, parece estar al tanto de la presencia de los fotógrafos; en una toma, mira directamente hacia la cámara.)

«Speedy era amigo de David LaChapelle [el fotógrafo] —según una fuente—. Y David LaChapelle... Gaga tenía a ese chico en un pedestal por su arte. Speedy... no sé lo que hacía. Salir a la carretera era: "¿En qué trabajas?" Y él: "Oh..." El tipo era todo labia. Pero el asunto era que estaba verdaderamente bien dotado. De eso era de lo único que ella hablaba. Yo le dije [a Gaga]: "D. I. [demasiada información] para todo el santo día."»

Amanda Lepore, el famoso transexual de Nueva York y personaje de su vida nocturna, conoció a Speedy y Gaga gracias a su amigo LaChapelle (lo había llamado su musa). También era amiga del rapero Cazwell, que produjo partes del primer disco de Lepore (un título de muestra: *My Hair Looks Fierce* [«Mi pelo tiene un aspecto fiero»]). De hecho, dice, conocía a Speedy del mundillo de la noche desde los quince años, cuando trabajaba como promotor de un club nocturno gay llamado Beige, en el Bowery Bar del centro de Nueva York).

LaChapelle invitó a Lepore y a Cazwell a su oficina de Nueva York, para que asistieran a su reunión con Gaga sobre ideas para su sesión de fotos de la *Rolling Stone*. Gaga los invitó a todos a comer luego en casa de los padres de Speedy, en Queens.

«Era monísima y muy sensata —dice Lepore. Gaga llevaba maquillaje, pero se había puesto zapatos planos y *leggins*—. Hablaba de Lady Gaga en tercera persona. Decía: "Oh, Gaga hará esto. Gaga hará lo otro." Pero no como si fuera ella... como si fuera otra persona. Me parece que había cruzado esa frontera.»

Gaga invitó también a varios de sus amigos, y Lepore recuerda que pensó lo interesante que resultaba que ella no se estuviera codeando con la gente fabulosa de Nueva York: «Eran muy de... *Jersey Shore* —dice—, con bronceado falso... Uno de los amigos llevaba las cejas depiladas y se había afeitado el vello corporal.»

Lo más chocante, según Lepore, era que Gaga cocinó para todo el grupo: espaguetis. Los sorprendió a todos porque aquello le pegaba mucho más a la chica católica de familia italiana del Upper West Side, que asegura que desea de veras encontrar a un buen hombre con el que casarse y a quien servirle la cena todas las noches. Cuando Angela y David Ciemny visitaron a Gaga en su nueva casa de Los Ángeles, en octubre de 2009, ella los llevó a la cocina, donde le estaba preparando la cena a Matt Williams; llevaban juntos casi un año. Ella iba con tacones, unos pantalones ajustados y un sujetador negro.

En Australia, la figura de Gaga estaba en alza: *LoveGame* salió allí en forma de sencillo. En abril se había situado en el puesto diecinueve de las listas de éxitos, y habían prohibido su vídeo, en parte porque no llevaba bragas. (Algo que resultaba extravagante cuando se filmó el vídeo, en verano de 2009, una tendencia que daba el cante. Luego a las neoyorquinas les dio por llevar camisas Oxford con cinturón, zapatos y nada más... para ir a trabajar.) A mediados de mayo, Gaga salió en el programa de entrevistas australiano *Rove*, con un sencillo vestido banco con el cuello de pico y una pirámide de pelo cardado de medio metro en la cabeza. Parecía un Conehead.*

Había perdido la rudeza de Nueva York al hablar. Se expresaba de un modo mucho más femenino, con un acento regional pulido de presentadora de noticiero. También había empezado a perfeccionar el arte de parecer bastante modesta cuando en realidad se congratulaba de sí misma.

* Una familia extraterrestre originaria del planeta Remulak que reside en la Tierra. Su característica distintiva es la forma cónica de su cráneo. *(N. de la T.)*

«Desde la última vez que estuviste en nuestro programa, has estado constantemente de gira, y hace de eso casi doce meses», le dijo el anfitrión, Rove McManus.

«Han sido exactamente doces meses, creo», responde Gaga.

«¿Cómo te han ido las cosas?», le pregunta Rove.

«Está siendo realmente increíble. Estoy muy agradecida y no acabo de creérmelo. Ayer, sin ir más lejos, actué en Nueva Zelanda y —inspira profundamente— doce mil personas coreaban las letras.»

También salió en *Sunrise*, el equivalente australiano a *The Today Show*, y la prensa la criticó mucho por hacer *playback*. Ciemny dice que fue algo parecido a la desaprobación de la que fue objeto Ashlee Simpson cuando la pillaron haciendo *playback* en *Saturday Night Live*.

«Australia no tolera ni tolerará actuaciones en *playback* —dice—. Es algo que no se hace.» Gaga, según él, había tenido una actuación la noche antes, había dormido sólo tres horas y se había levantado prácticamente sin voz.

Sufría la falta de sueño, un perpetuo *jet lag* y estaba sometida a una rigurosa dieta autoimpuesta. «Decía: "No puedo comer esto, no puedo comer esto" —comenta David Ciemny—. Siempre quería ensaladas, fiambres y queso, hummus y pollo a la plancha. Si le servían algo frito, decía: "Esto es un verdadero exceso."»

Como otras chicas famosas, Gaga tenía que mantenerse ridículamente delgada. «Desde la primera vez que la habíamos visto y le habíamos tomado medidas para los conjuntos, había perdido nueve kilos —dice un sastre que trabajó con ella el año pasado—. Presumía de no comer durante semanas para que la ropa le quedara bien.»

Su programa de trabajo, si eso era posible, era todavía más intenso. O a lo mejor sólo se lo parecía. Ciemny dice que, durante el tiempo que estuvo con ella, tuvo que llevarla al hospital al menos en una docena de ocasiones en varios países. A veces la gente le decía que tenía que parar, otras veces ella le llamaba desde su habitación y le decía que necesitaba parar.

«Su calendario promocional era absurdo —dice David Ciemny—. Cuando digo que estaba enferma, me refiero a que lo estaba física y mentalmente. Estaba completamente exhausta por la falta de sueño, por demasiadas actuaciones. Estaba en ese punto en que uno estalla en lágrimas de cansancio. El médico decía: "Necesita pasar tres días durmiendo, sin hacer nada; cancélelo todo." Y lo cancelábamos todo, durante doce horas.»

«Estaba completamente agotada —dice la esposa de David, Angela—. ¿Sabes? Yo llamaba a David y le decía: "Tienes que llamar a su mánager y decirle que no puede actuar, o que no puede levantarse a las cinco de la mañana." Y siempre me respondía: "Ange, consigue que lo haga. Consigue que coma, que se acueste ahora mismo, no hace falta que se desmaquille, ni hace falta que se duche."» Angela cree que el único escape de Gaga era el hospital: «Me parece que eran las ocasiones en las que se decía: "No pueden presionarme. Necesito parar."»

El tratamiento habitual consistía, según David, en una bolsa de suero salino y electrolitos y una inyección de vitamina B12 para darle energía. En las raras ocasiones en que llamó a los padres de Gaga para decirles que su hija estaba en el hospital, éstos lo achacaron al mánager.

«Sus padres llamaban al mánager y le decían: "¿Por qué le haces seguir un programa como ése a mi hija? ¿Estás loco? ¿En qué estás pensando?" Y entonces el mánager me llamaba a mí y me decía: "¿En qué estás pensando? ¿Por qué llamas a sus padres y los dejas tan preocupados?"»

Después de la gira de las Pussycat Dolls, Gaga se marchó a Asia de promoción, del 1 al 13 de junio. El 26 de junio se embarcó en una gira de dos meses de duración por Europa. Entretanto, se tomó las vacaciones de las que le había estado hablando a Scherzinger, con su novio Speedy. Estuvieron en casa de David LaChapelle. Fue allí donde finalmente supo de nuevo de Kanye West en lo referente a la idea de hacer una gira las dos más adelante aquel mismo año.

West fue a Hawái al día siguiente y LaChapelle los

fotografió para la gira, estilo Tarzán y Jane. «La gira con Kanye... un montón de gente [del equipo de Gaga] opinaba que era una mala idea —dice David Ciemny—. Porque Kanye es un desastre; es un caos. Todos sabíamos que se avecinaba una catástrofe. Y de hecho, Anthony Randall, su productor, le dijo: "De veras, si haces eso con Kanye, yo me largo. Se acabó." A ella no le importó. Su relación se estropeó rápidamente. Él no se quedó mucho más.»

West y Gaga anunciaron las fechas de su gira «Fame Kills» el 15 de septiembre de 2009. «Vi el guión de desarrollo de las actuaciones —dice una fuente relacionada con Kanye—. Era una colaboración verdaderamente complicada, de un nivel conceptual muy alto: no era una actuación de los teloneros seguida de la actuación principal. Se trataba de algo intrincado, creativo, nunca visto, con montones de dúos y unas cuantas canciones nuevas, un complicado escenario... algo intenso, era muy ambicioso para una artista que empezaba a despegar hacer de repente otra cosa.»

El 1 de octubre se canceló la gira. La causa fue supuestamente porque West arruinó el discurso de aceptación en los VMA del premio al mejor vídeo femenino, que le había sido concedido a la recién llegada adolescente Taylor Swift, proclamando que quien se lo merecía era Beyoncé. Pero no fue sólo por eso, según las fuentes, sino lo más oportuno para retirarse con estilo; era el enemigo público número uno, las ventas de sus discos se vinieron abajo, Donald Trump hizo una llamada al boicot contra Kanye... Entretanto, la fama de Gaga iba en aumento. De ser un simple objeto de curiosidad y fascinación, estaba pasando a ser una estrella bien relacionada en la industria que generaba una creciente base de admiradores.

«Sé que había una lucha interna creativa antes [de que cancelaran la gira]; él me lo dijo —dice la fuente relacionada con Kanye, y añade que Gaga y West tenían además una relación personal tensa—. Pero otra persona que había trabajado con él me dijo que si no hubiera sido por lo de los VMA habría sido por cualquier otra cosa, porque él intentaba acabar con aquello. Fue sólo un jodido modo de quitarse de en medio.»

«Aquello resultó favorable para ella —dice Gary Bongiovanni, editor de *Pollstar*—. Uno tenía la sensación de que era ella quien dirigía aquella gira; ahora ella la está haciendo, es la artista principal y la estrella del espectáculo.» (Según el número de *Pollstar*, entre el 8 de octubre de 2008 y el 14 de marzo de 2010, Lady Gaga obtuvo unos beneficios brutos de 12,8 millones de dólares estando de gira.)

Aquel verano tenía que actuar en dos de los mayores festivales de Inglaterra: el de Glastonbury y el T in the Park. Glastonbury fue especialmente revelador: allí estaba ella, cantando en un festival al aire libre, de día, exactamente dos años después de su desastrosa experiencia en el Lollapalooza. Se cambió cinco veces de traje a lo largo de una hora de actuación. Se puso un vestido corto de la era espacial (una imagen personal que copió directamente de Dale Bozzio del grupo Missing Persons). Llevaba detrás tres bailarines. La coreografía era difícil; tenía un nuevo grupo de apoyo; estaba actuando delante de un mar de gente, delante de cincuenta mil personas, y las chicas llevaban rayos pintados sobre un ojo en su honor.

Entre la multitud, una fan llevaba una malla rosa de los pies a la cabeza; parecía enfundada en un condón.

Casi todo el mundo se sabía las letras y terminó de interpretar *LoveGame*, con lo que posteriormente se convertiría en el momento central de su gira de 2010: sacó su barra de luz, la levantó y se puso a dar saltos, y de repente el público hacía lo mismo, al compás. También sacó su sujetador pirotécnico, con chispas que le salían de los pechos, para sorpresa y asombro de la multitud.

«La locura y la brillantez de una intérprete delante de una masa de espectadores», comentaba Will Dean en el *Guardian*.

«La estrambótica diva pop Lady Gaga volvió loco al público con un espectáculo más propio de un estadio deslumbrante que de un festival pornográfico.»

El *Daily Mail*, mientras tanto, destacó que Lily Allen —la cantante pop británica de la que Gaga había dicho en una ocasión que no «podía perderla de vista»— iba vestida y maquillada como Gaga. Allen llevaba entre bastidores una peluca rubio platino hasta los hombros, así como generosas medialunas de purpurina rosa bajo los ojos, un mono púrpura con un escote vertiginoso y un guante negro en honor a Michael Jackson, que había muerto un día antes, el 25 de junio.

«Durante nuestro último día de ensayo, el día antes de Glastonbury, me enteré [de la muerte de Jackson], así que me pasé por donde estaban ensayando y dije: "Gaga, Michael Jackson acaba de morir" —recuerda David Ciemny—. Y ella me dijo: "Cállate, David, no quiero ni oír hablar de eso. No. No me lo digas. Ni en broma, de veras, cállate."» Así que él se marchó y, una hora más tarde, ella se enteró de que era cierto.

«Estaba verdaderamente conmocionada», dice Ciemny. Siempre le había encantado Michael Jackson y, según él, «creo que acababa de enterarse de que Michael era fan suyo».

Estaba crispada también por los rumores que corrían por Internet acerca de que ella era hermafrodita o un hombre. En un vídeo, un fan la pilló en un ángulo raro, con la falda diminuta subida y algo confuso debajo, y esa imagen se difundió *online* junto con una presunta cita de Gaga sobre el tema: «No es algo de lo que me avergüence; simplemente no es algo que vaya contándole a todo el mundo.»

Dejó que la polémica y los rumores corrieran durante semanas antes de tratar el asunto. Dijo entonces: «No estoy ofendida; la ofendida es mi vagina.» (En los blogs se especuló con que Gaga era un genio tan grande obteniendo publicidad de las controversias que era ella la que había ideado todo el engaño; fuentes cercanas a ella dicen que eso es falso.)

La propia Gaga destacó que lo verdaderamente importante era que había vendido cuatro millones de copias en el plazo de seis meses, y planteó una astuta teoría acerca de por qué el rumor había arraigado: «La idea de que somos equiparables en fuerza a los hombres, y el pene es un símbolo de la fuerza masculina, ¿sabes? Eso es así.»

10

Cambio de imagen

Gaga continuó su gira por Europa en julio, y fue por esa época cuando conoció a Nicola Formichetti, que la peinó para una sesión de fotos de la revista *V*, una publicación especializada en moda estadounidense un tanto extravagante. Formichetti, de treinta y tres años, es mitad italiano mitad japonés, y está considerado sin duda como el estilista con más talento de su generación. Forma parte de los equipos de redacción de *Vogue Hommes Japan*, *V*, *V Man*, *AnOther* y *AnOther Man*, y es el director creativo de la británica *Dazed & Confused*. Ha trabajado con diseñadores y para casas de moda tan dispares como Prada, Levi's, Missoni, H&M, Max Mara y Alexander McQueen, a cuyo trabajo Gaga empezó a hacer guiños frecuentemente y en algunos casos reprodujo por entero. Aquellos *looks*, no obstante, eran interpretados como homenajes más que como plagios; tan talentoso como Williams y con la brillantez que elevaba la imagen de Gaga, Formichetti está considerado el verdadero genio. Antes de Nicola, ella no podía tener ropa de diseñadores de alta categoría; ninguno le prestaba nada. Él la llevó de un vestuario y una imagen de pega a la excentricidad de alta costura, y ahora los diseñadores compiten por el honor de vestirla.

«[Nicola] es el responsable de su imagen indudablemente glamurosa —dice una fuente de la industria discográfica—. Él posee una elegancia y una finura de la que ella a veces carece, porque se pone demasiadas cosas juntas, o el pelo no le pega con el resto de la vestimenta. He oído por ahí que hay demasiadas manos en el plato. Pero ha hecho un buen trabajo con ella. Su imagen desastrosa parece menos... desastrosa. Eso es por influencia suya.»

El modisto que vistió a Gaga para una de sus giras está de acuerdo en que, antes de Formichetti, parecía no haber una decisión que procediera de arriba en lo referente a su estética.

«Parecía que [su fama] había sido tan repentina que nadie estaba preparado para ella —dice esta fuente—. Estaban pasando tantas cosas a la vez que era duro para ella que pareciera que alguien estaba al mando. Era algo así como: "Conseguidlo, hacedlo lo mejor posible, que se haga."»

En la sesión de fotos de la revista *V* —como en la que había tenido antes con Warwick Saint en L. A.— sonaba su música por los altavoces. Había que empezar a las nueve de la mañana, en los estudios Splashlight del centro de Nueva York. Ella acababa de llegar de Canadá y llevaba el maquillaje de la noche anterior. Gaga pidió sushi, dice un ayudante que trabajó en aquella sesión fotográfica y que recuerda que aquello fue lo único que pidió. «No había dormido y seguía con la misma ropa —dice el ayudante—. Pero tenía una energía positiva, estaba abierta a todo.»

El ayudante, que estaba «convencido cuando la vio de que al menos tenía veintiocho años», quedó impresionado por la imagen de Donatella Versace de Gaga, que se puso de manifiesto en las fotos (fue clarividente: iba meses a la vanguardia de la serie *Jersey Shore*). Angela Ciemny dice que Gaga oscilaba a su antojo entre el blanco pálido y el bronceado profundo, y se aplicaba bronceador un día y al siguiente se restregaba el bronceado para quitárselo, sin importarle lo que le pudiera pasar a su piel, y que usaba una cabina de rayos UVA si no podía permitirse el lujo de que el falso bronceado le manchara un vestido. «Dependía de la imagen que quisiera tener», dice Angela.

Aquella imagen no gustó a la gente de la moda de la sesión de fotos de la revista *V*. «Iba con la piel muy teñida —dice el ayudante—. Es verdaderamente baja y estaba, como... naranja. Parecía una pequeña Umpa Lumpa* con body.»

* Joviales personajes de *Charlie y la fábrica de chocolate* que cantan para ayudar a la gente. Tienen todos ellos la misma cara, pero utilizan distintos trajes de una sola pieza, dependiendo de su función. Llevan un peinado hacia atrás terminado en punta. *(N. de la T.)*

Gaga mantuvo a los suyos en una habitación trasera y el estilista no recuerda haber visto a Williams en el plató. Gaga y Nicola no empezaron a hablar ese día hasta más tarde y, según el estilista, Gaga, a diferencia de su habitual estilo insólito, iba muy discreta.

Otra fuente que estaba en el plató ese día recuerda que le chocaron «el bronceado falso, el pelo estropeado y el estilo, realmente cursi. Tenía tres tallas más que ahora. Pero era muy simpática. A puerta cerrada es muy normal».

Esta misma fuente —que también conoce a Matt Williams y Erin Hirsh, y que está familiarizada con las relaciones de Williams tanto con Hirsh como con Gaga— dice que Formichetti es el único responsable de que Gaga se haya convertido en un icono del estilo.

Cuando pedía prendas para la sesión de fotos, dice la fuente, Formichetti no dijo a los diseñadores a quién iba a fotografiar. Sabía que si lo hacía no le mandarían nada. Gaga lo sabía, según esta fuente: «Ella lo entendía perfectamente.»

Fue portada del número de otoño de 2009, con la cara morena, el pelo casi blanco, unas gafas de sol rosa en algunas portadas y azul en otras. El titular: «Éste es el mundo de Lady Gaga... ¡Acabamos de entrar en él!»

Después de aquella sesión fotográfica, Gaga contrató a Nicola (o, como ella dice, lo invitó a unirse al equipo de producción Haus.

Tal como hizo en aquella primera sesión, siguió dándole a Formichetti «un montón de libertad de acción», dice David Ciemny, que también estaba ese día. «Cuando ella conecta realmente con una persona creativa le da un montón de poder.» Todavía estaba insegura, y decía que se sentía incómoda con su imagen. Después de aquella sesión fotográfica alcanzó una posición y el mundo de la alta costura la acogió. Estaba impresionada de que Formichetti rechazara aceptar prendas de diseñadores que habían sido tacaños o desdeñosos a la hora de vestirla. «Lo que tiene Nicola —dice la fuente— es que es un animal social, forma parte del mundillo, pero es una persona muy callada. Es muy cerrado; no se abre a mucha gente.» Gaga también es así, y enseguida se reconocieron como iguales.

Empezaron a intercambiar ideas, casi siempre por teléfono o correo electrónico. Formichetti acudía a las apariciones televisivas o a los acontecimientos importantes. «La mayoría de los estilistas dicen aquí tienes el *look*, de los pies a la cabeza —dice Ciemny—. Pero él le da las herramientas. Ella construye el rompecabezas a partir de las piezas que él le proporciona y luego lo amplía. Dice: "Vale, me encanta todo esto, pero ahora deja que me ponga un poco de cinta y unas cuantas X en los pezones y entonces estará perfecto."»

«Por lo que yo sé —dice un diseñador que ha trabajado con Gaga— [su equipo] lo forman Nicola y Matt. Haba de todo como si fuera idea de ella, sin embargo.»

Gaga también acabó por volver con Williams, que ahora tiene un hijo pequeño con su novia estilista. «Él estuvo yendo detrás [de Gaga] mucho —dice una fuente, que considera a Williams un tanto oportunista—. Lo intentó con todas sus fuerzas, y la rondaba cuando ella estaba con otros. Pero ¿por qué no ha intentado recuperarla? Esa chica es la estrella más grande del mundo, y él ya ha tenido una relación con ella... Sería estúpido [que no] quisiera dar el siguiente paso.»

Cuesta identificar cuál fue el punto de inflexión de Gaga, ese punto en el que pasó de ser desconocida a ser célebre y luego superestrella, pero fue en su actuación cantando *Paparazzi* en los Video Music Awards de 2009 de la MTV, el 13 de septiembre. Se presentó con la Rana Gustavo, pero la dejó en la limusina, y se sentó con su padre durante la ceremonia. La suya fue la primera actuación. Comenzó como una fruslería pop, con Gaga de blanco acostada en el escenario, un homenaje a la interpretación de Madonna de *Like a Virgin* en los VMA de 1984. A media actuación se puso al piano, un piano blanco, agitando la peluca enloquecidamente, con un pie en el borde del teclado. Hubo un cambio de plano. Se vio a P. Diddy entre el público; parecía confuso. Luego otra vez ella en el centro del escenario, repentinamente empapada de sangre que le corría por la cara, desplomándose. Los bailarines la ocultaron y luego se izó con una cuerda por encima del escenario: el suicidio de la cultura pop en pro de la absoluta fama. Incluso consiguió que pareciera que la esclerótica del ojo derecho le sangraba. A esto lo llamo yo dedicación.

«La actuación de los VMA fue la gran, absoluta ofrenda en bandeja de Lady Gaga a la audiencia perteneciente a la industria que quizá todavía no la conocía —dice Liz Gateley, de la MTV, que añade que "confirmó" la capacidad de Gaga de ser una estrella—. La suya fue la actuación más memorable de la noche.» Ganó el premio a la mejor artista novel. Había planeado acaparar los titulares del día siguiente, pero su deseo se vio frustrado: el acoso de Kanye a Taylor Swift sobre el escenario fue el tema de conversación preferido de los medios y la blogosfera.

Después de aquella actuación, sin embargo, Lady Gaga era ya una celebridad de la música mayoritaria en Estados Unidos. En octubre le concedieron el premio a la estrella revelación de 2009 de la revista *Billboard*. El 4 de octubre, actuó en *Saturday Night Live* y participó en un desafortunado *sketch* satírico sobre una trifulca con Madonna. Su actuación musical en el programa le fue mucho mejor: «Gaga parecía libre y espontánea, y ha descubierto una rara mezcla digna de ser vista —escribió Todd Martins en el blog de música del *Times* de Los Ángeles—. Por una vez, es agradable ver a una estrella del pop que se esfuerza por hacer algo más que enseñar carne y dar vueltas alrededor de un palo.»

«Lo que más sorprendida me dejó fue su inteligencia», dice la bailarina Christina Grady, que trabajó con Gaga en *SNL* y en otras apariciones televisivas. Recuerda que Gaga estaba al mando y lo controlaba todo, y que fue allí cuando empezó a interpretar la versión radicalmente diferente de *Bad Romance* que interpretó en *SNL*, reinventado como introducción en forma de balada de un popurrí que incluía *Poker Face* pero que era sobre todo una oda a la ciudad de Nueva York.

«La miré componer aquello delante de nosotros, en una habitación llena de gente, con su banda —dice Grady—. Lo hizo ella, de cabeza. Le dijo a cada miembro del grupo qué notas tocar y cuándo. Lo hizo en unos veinte minutos como máximo.»

Días después de su aparición en *SNL*, hizo el discurso de apertura en la Marcha Nacional por la Igualdad en el distrito de Columbia y actuó en la cena de la Campaña Nacional por los Derechos Humanos y la Igualdad, en la que el presidente Obama le hizo un guiño: «Es un privilegio estar aquí esta noche —dijo—, haciendo de telonero para Lady Gaga.» También aquel mes actuó en el treinta aniversario del Museo de Arte Contemporáneo de Los Ángeles. El artista Francesco Vezzoli creó un retrato de Gaga en el bordado de la etiqueta de su marca. Llevaba un vestido diseñado por Miuccia Prada, que también diseñó el de sus bailarines. Damien Hirst diseñó su piano; Frank Gehry, su sombrero. Brad Pitt y Angelina Jolie estaban presentes.

El 23 de noviembre, sacó al mercado *The Fame Monster*, básicamente un relanzamiento de *The Fa-*

me con ocho nuevos temas. La cubierta era del famoso diseñador francés Hedi Slimane, que ha diseñado cubiertas de álbumes para Daft Punk y Phoenix pero que es más conocido por su trabajo para Dior entre los años 2000 y 2007. *The Fame Monster* se estrenó en la quinta posición de la lista de éxitos Billboard Hot 200 y llegó a ser número uno en ocho países. «Eso resulta esencial para cualquiera a quien le guste aunque sea remotamente el pop —dice el semanario musical del Reino Unido *New Musical Express*, y añade que—: Es el momento en que Gaga se consolida como estrella.» Josh Modell, de la revista *Spin*, escribió de *Bad Romance* que «sonaba como la mejor canción de Madonna en años». En *Rolling Stone* fueron un poco más moderados y definieron el álbum como «muy acertado».

Gaga era ya una fuerza cultural; incluso el sitio web de música Pitchfork, farisaicamente discriminatorio —especializado en indie rock y música alternativa—, se decidió a revisar el álbum. Lo elogiaron, y dijeron que del primer sencillo, *Bad Romance*, «podría decirse que es el mejor sencillo pop y el mejor vídeo pop de 2009» y que tenía «un formato rompedor». Compararon a Gaga con artistas del calibre de Madonna y Prince en sus mejores tiempos y la llamaron «la única verdadera estrella pop que existe».

Gaga resucitó el vídeo musical con un argumento narrativo. El vídeo de *Bad Romance*, dirigido por Åkerlund, destacaba no sólo por su descarada extravagancia y su humor negro, sino por el colofón. Allí está ella, apuntalada en un colchón chamuscado al lado de un esqueleto, mirando al cielo y fumando un cigarrillo —lo que, en la vida real, ella hace ocasionalmente—, con un sujetador que echa chispas, el mismo que usó en Glastonbury y que desde entonces se había convertido en un elemento esencial de sus actuaciones en directo.

La chica a quien los críticos y sus coetáneos habían acusado de ser poco más que una ladrona cultural, de repente se había convertido en el modelo a seguir. Las estrellas pop empezaron a copiar la imagen de Gaga, descaradamente y todas a la vez: Fergie, Rihanna, su futura colaboradora Beyoncé, Ke$ha y, lo que es más destacable, Christina Aguilera, que había dicho en una ocasión de Lady Gaga: «No estoy segura de si es un hombre o una mujer», y cuyos nueva imagen y sonido y vídeo están, para decirlo educadamente, fuertemente influenciados por Lady Gaga.

La chica a la que algunos estilistas consideraban chabacana, poco atractiva, demasiado baja, carente de imaginación y por lo demás una creación de los estilistas, se convirtió de repente en una fuerza gravitacional de la moda. En los desfiles de otoño de 2009 de Nueva York, París, Londres y Milán el aura de Lady Gaga era omnipresente. (Riccardo Tisci, de Givenchy, tenía influencias suyas ya en enero de 2009, cuando hizo desfilar un montón de bodis por la pasarela.) Derek Lam, un gran diseñador estadounidense, cotizado y elegante, sacó modelos sin bragas. Michael Kors, cuyo estilo aspira a ser Hyannisport pero diluido, usó su música para ambientar el desfile. Marc Jacobs captó a Gaga para la fiesta de después del desfile de otoño de 2009 —el punto culminante de la Semana de la Moda de Nueva York— para que actuara y fuera su invitada de honor. En París, Gaultier aludió al *look* sin bragas e hizo desfilar por la pasarela un escultural body metálico; allí estaban los arcos de pelo de Chanel (Lagerfeld ya había aludido previamente a su rival Amy Winehouse en 2008, y se sirve de su otra rival, Lily Allen, por añadidura). El desfile de McQueen —de otro mundo incluso para sus estándares— fue un gaguesco descontrol de belleza caricaturesca, en el que las modelos se tambaleaban sobre los recién famosos zapatos «armadillo» de lentejuelas. (Ése fue uno de los *looks* de la cabeza a los pies de McQueen que lució Gaga en el vídeo de *Bad Romance*.)

Fue modelo para uno de los cuentos de hadas de los hermanos Grimm del número de diciembre de 2009 de *Vogue* en Estados Unidos y apareció en la portada del número de enero de 2010 de la revista *Elle*. La publicación de la industria de la moda *Women's Wear Daily* dio a conocer que, en el último trimestre de 2009, se habían disparado las ventas de lencería cara, sobre todo de corsés, una tendencia cuyo mérito la industria atribuía a Lady Gaga. Ella declaró a la revista *People* que uno de sus objetivos era ser objeto de una exposición en el Instituto de la Moda del Museo de Arte Metropolitano.

En diciembre actuó para la reina de Inglaterra, suspendida en el aire a una altura de por lo menos seis metros del escenario, tocando un piano elevado, gótico por su desmesurado esplendor. Llevaba un vestido de látex de inspiración isabelina y los ojos rodeados de purpurina roja. Así se presentó también ante la reina. Salió en el programa *10 Most Fascinating People of 2009* [«Las diez personas más fascinantes de 2009»] de Barbara Walters, vestida como su interlocutora, una mujer de ochenta años que, por lo visto, no le pilló la gracia. En enero estuvo en el programa de Oprah Winfrey, actuando en un escenario prefabricado que pretendía evocar de manera cómica una calle indecente del East Village, y desató el desenfrenado regocijo de los gais y de las amas de casa de mediana edad del público. (Había cancelado una actuación la noche anterior alegando que estaba exhausta; a sus admiradores, conocidos ahora en todo el mundo como «monstruitos», no les importó.)

Quizá de manera más elocuente, Gaga ha suscitado comentarios increíblemente maliciosos de sus pares. Además de los comentarios negativos de Christina Aguilera (a la que Gaga dio sagazmente las gracias públicamente por ensalzar su perfil, y que desde entonces ha ido marcha atrás) y de Grace Jones, la rapera M.I.A. últimamente compartió su opinión sobre Lady Gaga.

«No es progresista, pero es una buena imitadora —dijo M.I.A.—. ¡Suena más como yo que yo misma, joder!... Es el último intento de la industria de darse importancia... diciendo: "Necesitas nuestro dinero apoyándote, la promoción, los estadios." En cuanto a ella, tiene trabajando a cien mil personas, pero lo que yo creo es: "Hazlo tú mismo."» (M.I.A. tiene un niño con el hijo de Edgar Bronfman, Jr., director ejecutivo del Warner Music Group.)

En mayo de 2010, la intérprete folk Joanna Newson obtuvo un montón de atención por parte de la prensa al dar su opinión sobre Lady Gaga: «Estoy perpleja por la holgazanería de la gente en lo que respecta a cómo se presenta a sí misma y, no sé por qué, dan por supuesto que eso implica que las composiciones son muy inteligentes. Su modo de enfocar su imagen es verdaderamente interesante, pero escuchas la música y no encuentras otra cosa que varas de luz. Los inteligentes comentarios del periodismo musical le otorgan este mérito, como si fuera la nueva Madonna... Lo que yo digo, con bastante imparcialidad es que es la nueva Madonna, ¡pero una parodia de Madonna!»

A principios de 2010, Lady Gaga había cumplido la amenaza que le había hecho a su ex: «No podrás tomarte un café sin verme u oírme.» Era omnipresente. En enero, actuó cuatro noches con todas las entradas vendidas en Radio City Music Hall. Algunas de las celebridades que asistieron: su ídolo Yoko Ono, Sting,

Donald Trump y Barbara Walters. El *Post* de Nueva York sacó una reseña de moda sobre las fans que habían ido a los conciertos vestidas como Gaga. El *New York Times*, que había publicado un artículo negativo sobre su actuación en Terminal 5 apenas ocho meses antes, le dedicó un elogio:

«Su voz es lo bastante potente para cantar a capela y se apoya tocando ella misma el piano, con el que suena como una Elton John femenina cuando canta *Speechless*, con un pesado chal de piel blanca», escribió Jon Pareles. En cuanto a su talento para organizar grandes espectáculos: «Nadie del pop es más audaz en sus peinados.»

«Su pulverizador banquete visual hace sombra, aunque nunca llega a dominar las canciones, brillantes y lujosos himnos disco que Gaga canta con una voz sorprendentemente ágil, segura y vibrante», escribió Rob Harvilla, del *Village Voice*.

En febrero, abrió los premios Grammy, haciendo dúo con Elton John. (En una ceremonia transmitida por televisión, *Poker Face* ganó el premio al mejor álbum de música dance/electrónica.) Giorgio Armani fue quien la vistió. Lució, en distintos momentos, un vestido largo esférico lila con zapatos de plataforma con incrustaciones de Swarovski, un body de lentejuelas verdes de extraterrestre y un arquitectónico vestido mini, inspirado en el espectáculo de patinaje sobre hielo Ice Capades, con la parte posterior suelta para que se le viera el trasero. El traje estaba coronado por un sombrero plateado que parecía un híbrido entre un rayo y un glaciar. La retransmisión consiguió el mayor índice de audiencia en seis años, y la opinión general de la industria es que ella fue la razón principal. Luego se marchó a Inglaterra para dar comienzo a su gira, «The Monster Ball».

A finales de abril, Lady Gaga estaba en la lista de la revista *Time* de las cien personas más influyentes de 2010. «El trabajo de un artista es tomar una instantánea —ya sea a través de las palabras o del sonido, de las letras o de la canción— que explique lo que se vive en un momento —escribió Cyndi Lauper—. El arte de Lady Gaga captura el período por el que atravesamos ahora.»

Aunque puede que sea cierto que es una loca, extravagante y brillante distracción durante una recesión económica que parece interminable y dos guerras que parecen igualmente interminables, cuyo único objetivo es hacerte bailar, también está llevando la cultura un paso más allá. Su gira de 2020, que concibió como «una fiesta house postapocalíptica», es un duplicado del club nocturno más gay sin ser gay del mundo, con el público agitando varas luminosas, sudoroso, bailarines afeitados que saltan por el aire, en el escenario y por todas partes, y con un lleno absoluto en todo el mundo, atrayendo a gente de todas las edades. La pansexualidad enigmática de su espectáculo se adelanta un poco a la tendencia de una época en la que el matrimonio gay se ha convertido en un tema que radicaliza las opiniones pero en la que el presidente sigue diciendo que va a revocar [la ley] *Don't Ask, Don't Tell* [No preguntes, no lo digas].*

En abril de 2010, se extendió como la pólvora que había soldados estadounidenses en Afganistán haciendo una versión del vídeo de *Telephone*. Una producción completamente coreografiada, en una base militar estadounidense en la que los soldados caían unos en brazos de otros y bailaban en hilera, semidesnudos, vestidos con prendas remendadas, y en la que un soldado llevaba un logo de la LG con una cuerda colgado del cuello, prácticamente ocultándole el torso. Todo ello subrayado por la seriedad del propósito de interpretar una canción «que trata de una chica que llama a su novio para decirle que deje de llamarla porque está en un club nocturno».

«Está explotando el interés del momento, en el que nos fascinan los extremos —dice Ann Powers, jefa de crítica pop del *L. A. Times*—. Ideas que antes parecían extremistas ahora son de centro. La película más popular de Estados Unidos [era] *Avatar*, vemos

* Expresión popular para referirse a la política sobre homosexualidad de las Fuerzas Armadas estadounidenses. La ley federal 10 U.S.C. § 654 prohíbe a los homosexuales y bisexuales revelar su orientación sexual o hablar de cualquier relación homosexual mientras sirvan en el Ejército. *(N de la T.)*

acaparadores en televisión, la cirugía estética se anuncia por todas partes en América Central. Estamos pasando realmente por un momento protagonizado por lo *freak*.

Lo más *freak* y original de Lady Gaga: es una famosa que en realidad parece disfrutar de serlo. Se encarga de que nunca la fotografíen fuera de su papel y habla de su ética de trabajo. En una época en que ciudadanos sin talento se ponen frente a las cámaras de televisión y luego se quejan de los blogs y de los chismes y de los paparazis, tenemos a una intérprete —irónicamente una antigua compañera de clase de Paris Hilton— que compone una canción acerca de querer ser tanto perseguidora de los paparazis como perseguida por ellos. A diferencia de Hilton y los de su clase, pocas veces la han fotografiado con aspecto de haber bebido, no cuenta sus intimidades a la prensa, nunca la pillan haciendo ni diciendo algo que ella no quiera. No le avergüenza haber perseguido la fama y casi nunca parece agobiada por ella. Permite que el público crea que la fama es tan maravillosa como éste imagina que es. Resulta reconfortante.

«El modo que tiene de llevar la fama es muy *cool* —dice Tony DiSanto, de la MTV—. Es la máxima aspirante a diva, e interpreta su papel a la perfección.»

Una vez dicho esto, a menudo habla de fama —o, para ser exactos, de «la fama»— como su marco narrativo, de haber sido siempre famosa, incluso cuando no lo era, de su propia fama como alegoría de la fama en general. Pero eso no funciona del todo; en última instancia resulta un intento de elevar el deseo de ser famosa a una especie de arte. Y si tú dices que es arte, ¿quién puede decir que no lo es? Como dijo ella en una ocasión, ella es «una famosa estafadora».

La única persona, aparte de Gaga, que normalmente juega con los temas del arte y la celebridad y la charlatanería, y la buena disposición del consumidor a dejarse manejar, es el escurridizo artista británico Banksy, que adquirió notoriedad internacionalmente en 2006, cuando, en colaboración con el productor e intérprete Danger Mouse, reemplazó quinientas copias del primer CD de Paris Hilton por su propia música (una muestra de las canciones: *Why Am I Famous? What Am I for?*), así como la fotografía de la carátula. También él hizo la lista de 2010 de la revista *Time*, «Las 100 personas más influyentes», que ha sido descrita por el artista callejero Shepard Fairey, compañero suyo, como la personificación del mundo del arte: «Lo de verdad íntimamente relacionado con el absurdo.» Banksy, a diferencia de Gaga, no concede entrevistas (excepto para el documental de 2010 *Exit through the Gift Shop*) y nunca se le ha visto la cara.

Una fuente de alto nivel de la industria de la música —que opina que «la jodida música de Lady Gaga es estupenda»— señala lo accesible que es como su único paso en falso. «Lo único que ha hecho terriblemente mal: no tendría que conceder entrevistas —dice—. Eso desinfla el globo. Si te imaginaras a David Bowie vestido de Ziggy Stardust yendo al programa de Oprah... dirías: "¡Uf, no! ¡Escalofriante!"» Recuerdo a los chicos recibiendo palizas en el instituto por llevar el pelo así, [los llamaban] "bicho raro" y "marica". Si yo fuera su mánager le diría: "No hablaremos. Eres más grande que la vida. Has creado una gran reserva para la imaginación de la gente: deja que la gente lo haga, no la deconstruyas por ellos." Todo lo demás considero que lo hace a la perfección.»

«Es una artista audiovisual como no hemos visto desde la época Madonna/Michael Jackson en los primeros días de la MTV —dice otra fuente de la industria—. Otros lo han intentado. Janet [Jackson] era interesante, pero nadie ha tenido tanto éxito haciendo del estreno de su vídeo todo un acontecimiento.» Cuando aparecieron imágenes de su vídeo para *Alejandro*, dirigido por el frecuente colaborador de Madonna Steven Klein, en las que parecía haber perdido una pierna, en la blogosfera cundió la histeria por si realmente se había amputado una extremidad.

«Otra cosa acerca de Gaga —dice la misma fuente de la industria— es que les gusta a los chicos de doce años y a las abuelas de ochenta.»

«Me gusta, y tengo casi sesenta años —escribió Toto Kubwa en la web del *Daily Mail*, en respuesta a un artículo sobre el vídeo de *Telephone*. Gaga ha sido tema de una tira cómica del *New Yorker* y de un nuevo cómic de Bluewater, el tema inaugural de su serie «Fama». Hubo rumores de que Johnny Weir, admirador de Gaga y patinador sobre hielo olímpico, iba a patinar con su música durante la competición; no lo hizo, pero colgó un retrato suyo en la habitación de la Villa Olímpica y dijo a la prensa: «Tiene que estar aquí cuidando de nosotros, protegiéndonos.» Un clip de Weir patinando *Poker Face* en un festival de patinaje sobre hielo en Japón, a principios de 2010, generó casi un millón de *hits* en YouTube.

En abril de 2010, el *New York Times* publicó que los adolescentes chinos habían dejado de decir «¡Oh, Dios mío!» para decir «¡Oh, Lady Gaga mía!». En los títulos, el programa *hipster* de la HBO *How to Make It in America* incluye una foto de una chica de veintitantos años estilo LastNightsParty haciendo un gesto de «monstruito» con la mano: la garra en forma de medialuna, signo universal que significa «soy fan de Lady Gaga». Manny Pacquiao, el campeón filipino de boxeo, contrató a una imitadora de Lady Gaga para la fiesta de su último cumpleaños, que en Filipinas es prácticamente fiesta nacional. Cuando Tamra Barney, del programa *Real Housewives of Orange County*, de Bravo TV, anunció esta primavera, en directo, que se estaba divorciando, invocó el mantra de Lady Gaga y exclamó: «¡Soy una zorra libre!» En abril, la mascota de los Philadelphia Phillies se disfrazó con una versión del conjunto de encaje rojo de McQueen para Gaga y bailó *Bad Romance* mientras la multitud vociferaba y reía. Después de Madonna, Lady Gaga era la segunda artista convertida en el tema de un episodio de *Glee*, el éxito de la cadena de televisión Fox. Es un tema recurrente de conversación en las revistas de alta costura y en los periódicos sensacionalistas. Sale en alguna publicación al menos una vez al día. Es un motivo universal de fascinación.

También está, según la opinión general de la industria, en camino de tener una carrera de décadas de duración. «Si no tuviera un talento natural, no podría funcionar —dice esta fuente, que añade que ella necesita, como sus ídolos Madonna y Bowie, reencarnarse—. No quiero hacer comparaciones, pero a determinados artistas —Ke$ha— los miras y dices: "¿Qué haces tú por un bis?" Creo que por eso la estás viendo situada al lado de gente como Madonna, Elton John, Cyndi Lauper, todos los cuales han ido a verla y la aprueban. Es lo contrario de Lil Wayne, a quien aprueban los chicos comunes y corrientes. Se trata de los líderes de la vieja escuela, superestrellas consolidadas como Beyoncé, que dicen: "Quiero trabajar con Lady Gaga." Eso te indica hasta dónde llegará.»

Durante la última semana de enero de 2010, Gaga grabó el vídeo de *Telephone* con Beyoncé; Jonas Åkerlund, que había rodado los vídeos de *Paparazzi* y *Bad Romance*, también dirigió éste. La idea: una mezcla de alta costura de géneros cinematográficos, desde los de cine cutre estadounidense sobre explotación sexual de presas hasta enigmáticas piezas de homicidios de Quentin Tarantino como *Pulp Fiction*, *Kill Bill, Vol. 1* (Tarantino le prestó a Gaga el vagón de esta última) con un desenlace de *Thelma y Louise*. El argumento: Gaga es encerrada en la cárcel; recibe una llamada de Beyoncé, que la saca; las dos salen a la carretera y hay un montón de dobles sentidos; entran en un restaurante de carretera, donde Gaga se hace pasar por camarera y envenena a todo el mundo menos a Beyoncé. Luego hay un baile. Ella y Beyoncé, buscadas por la policía, inician una persecución a toda velocidad antes de lanzarse por un precipicio.

Con este vídeo, Gaga consiguió que Beyoncé resultara más *cool* incluso de lo que la había hecho parecer su matrimonio con Jay-Z; una de las estrellas del planeta más saludables y que llevan una vida más sana de la R&B interpretando a la amante de la presa Gaga y haciendo de maníaca homicida. Lo que es más importante, Gaga sale luciendo un par de gafas de sol hechas de cigarrillos. La gafas ya tienen su propia página en Facebook.

Gaga siguió burlándose de los rumores sobre que era hermafrodita, que no se habían disipado, haciendo que una guarda de la prisión le dijera a otra, después de desnudar a Gaga y meterla en su celda: «Te dije que no tenía polla.»

«La idea fue de ella, casi por completo —dice una extra de *Telephone* llamada Alektra Blue, que trabaja como actriz porno; Åkerlund convocó un *casting* mediante la compañía de cine para adultos Wicked Pictures—. Prácticamente codirigió el clip. Pone sus propias reglas; es muy implacable. Decía: "Vale, quiero hacer esto, quiero esta toma y ¿podemos repetirlo de nuevo? Porque me parece que no he dado en el clavo." Era muy inflexible [acerca de] tener las tomas correctas.»

«El modo en que la gente hablaba —dice la actriz porno Jessica Drake, otra extra de la escena de la cárcel—, [la idea] fue casi por completo suya, pero Jonas la estructuró para ella.» Como Blue, Drake estaba asombrada por lo atenta que estaba Gaga a los detalles. Se quedaba en el plató para revisar todas las tomas, todos los preparativos, para dar su opinión.

Siempre tuvo el control: durante una entrevista de 2008 con un periodista que quiere permanecer en el anonimato, también dirigió: «No quiero parecer tan extravagante ni tan lista», le dijo Gaga. Estaba bien que mencionara que «he hecho un montón de cosas [pero lo que] no quiero es "un prodigio a los siete [años]"».

«En el plató lo controlaba prácticamente todo... no quiero decir que fuese autoritaria... —dice Drake, y hace una pausa—. Tenía más bien una presencia que imponía, sin ser exigente ni una diva. Puso toda la carne en el asador para hacer ese vídeo. Hacía una cosa una vez y otra. Se entregaba hasta que le dolía.»

Alektra recuerda que Gaga pidió otra toma para un primer plano en el que se olvidó de ponerse un anillo de sello: una pieza fundamental que volvería a lucir cuando lo abriera para echar el veneno en la comida del restaurante. (Se refiere a la escena de *Bad Romance* en la que mata a su novio de la misma manera.)

«Se toma su arte muy en serio», dice Alektra, y añade que ella estaba apenada cuando Gaga, debido a una imprevista limitación de tiempo, no pudo participar en la escena del desnudo en la ducha de la cárcel. Todavía no lo ha superado: «Estaba tan emocionada», confiesa.

Con *Telephone*, Lady Gaga produjo algo completamente tonto pero de gran repercusión. El vídeo desató el debate acerca de la viabilidad del medio en sí —¿hay un futuro para los vídeos musicales o es el de Gaga una excepción?— y de si el clip, con su mezcla de sexo, asesinato y publicidad encubierta sin ningún reparo, era perspicaz o meramente obsceno.

En los blogs y los medios se volvieron locos tratando de descubrir todos los productos que salían: la salsa Miracle Whip, el pan Wonder, el teléfono móvil Virgin, una cámara Polaroid (ella es la nueva directora creativa de una línea especial de la empresa), las gafas de sol Chanel, el portátil HP que también salía en *Bad Romance*, los Heartbeats para los auriculares de Gaga, la página web de contactos PlentyOfFish.com, los bollos Honey Bun que comparten ella y Beyoncé. Y, por supuesto, las latas de Coca-Cola sin azúcar que le sirven a Gaga de rulos para el pelo, un *look* que repitió en su paseo por el aeropuerto de Sydney, Australia, dos meses después.

Según Adam Kluger, presidente de la Agencia Kluger, que situó el sitio web PlentyOfFish en *Telephone*, la publicidad encubierta «siempre se ha usado, sobre todo en las letras de canciones. Ya se usaba en los años setenta: "Compre unos cacahuetes y unos Cracker Jacks."». (Fundó su agencia en 2006, cuando notó una remontada en el *stock* de Abercrombie & Fitch tras salir la empresa en la letra y el vídeo del tema *Summer Girls* del grupo LFO, y dice que ahora gana sesenta millones de dólares al año en volumen de negocio.)

Sólo Virgin Mobile, PlentyOfFish y Miracle Whip pagan por salir en el vídeo, dice Kluger. Lo de la Polaroid fue «un favor», dado que Gaga trabaja con ellos; los rulos de latas de Coca-Cola «un homenaje personal a alguien de su pasado». (Su madre se rizaba el pelo de ese modo en los años setenta.)

La inclusión del Hewlett-Packard y los Heartbeats es, según un informe de *Ad Age*, «prolongaciones de las asociaciones publicitarias de Gaga».

«Lo peor gira alrededor del teléfono Virgin —dice Jeff Greenfield, experto en fusión de publicidad con entretenimiento para la empresa de *marketing* 1st Approach—. No creo que nadie se trague que Lady Gaga usa un teléfono como ése. Y, sobre sus admiradores, uno piensa: ni siquiera hablan por teléfono.» Le parece que el deliberado primer plano del producto saca al espectador del hilo conductor del vídeo, que lo hace hiperconsciente de que se le está vendiendo un producto. «Verdaderamente apesta, porque el vídeo se titula *Telephone* y podrían haber hecho algo realmente inteligente.»

Lo que funciona, y las marcas verán un aumento de ventas, según Greenfield, es «la escena en la que prepara bocadillos de pan Wonder con Miracle Whip. Es como si fuera una actriz; todos los planos tienen sentido. Es muy sutil. La clave está en integrar el producto y que forme parte de la escena».

Gaga, por supuesto, le dio al asunto un giro más artístico y de más altos vuelos. Le dijo posteriormente a Ryan Seacrest que la escena en la que, con un vestido de látex calado, prepara el bocadillo con Wonder y Miracle Whip, tiene su razón de ser como un «comentario sobre estar sobrealimentados en comunicación y anuncios y comida en este país». Dijo a E! Online —con su falso acento británico estilo Madonna— que *Telephone* trata en realidad acerca de «la idea de que América está llena de jóvenes inundados de información y tecnología... [Que es un] comentario sobre la clase de país que somos».

Los críticos no lo ven así. «Navidad gay», dijo Tanner Stransky, de EW.com.

«El estreno de anoche del vídeo *Telephone* fue un importante acontecimiento en los bares y *coffee shops* gais del mundo entero, que por fin unió a dos tribus de moda largo tiempo enemistadas: los fans de Lady Gaga y los fans de Beyoncé», publicó Interview.com.

Incluso las veteranas actrices porno que hacían de

extras fueron aclamadas. «Cuando sale del remolque con el vestido de látex con cubrepezones y tanga, me quedé con la boca abierta —dice la actriz porno Drake—. Se la ve incluso un poco más morena que en persona.»

El vídeo *Telephone* generó diecisiete millones de *hits* durante los primeros cuatro días *online* y se convirtió en número uno en todo el mundo, mientras que los periódicos sensacionalistas de Estados Unidos y el Reino Unido publicaban ridículos titulares y columnas que se reducían fácilmente a: ¿qué hay de los niños?

La CNN informó de que el clip había sido censurado por la MTV por ser demasiado explícito, lo que, recalcaba Gawker, era tremendamente irónico: «La MTV, que durante años ha cultivado los *reality shows* que infestan su programación, apenas emite vídeos musicales... pero todavía siente la necesidad de vetar uno de ellos porque lo considera demasiado provocativo. Todavía más irónico es el hecho de que la cadena se está distanciando de la única artista que todavía se preocupa por hacer un buen vídeo musical.» (En el noticiario, la cadena MTV dijo que no había censurado el vídeo y que, de hecho, lo había anunciado en primicia para el viernes 12 de marzo.)

El mánager y el sello discográfico de Gaga, sin embargo, estrenaron el vídeo en E! Network la noche antes. E! le concedió veinte minutos de emisión y, como Troy Carter dijo a *Ad Age*, emitió el vídeo sin editar, «tal como se pretendía que se viera».

«*Telephone* es una obra de arte —escribió Stransky, de EW.com—. Cierto que estuve confuso durante la mayor parte del vídeo... [Pero] ni que decir tiene que nadie en la pasada década ha hecho más por los vídeos musicales que esta señorita.»

«El clip de *Telephone* es una pieza maestra de elevado presupuesto del pop, de una artista evidentemente familiarizada con la disciplina —escribió William Goodman en Spin.com—. [Es] un surtido Whitman* de pepitas de oro del pop.»

«Lo que Madonna y Michael Jackson eran a la MTV, Lady Gaga es a YouTube: una aplicación asesina —publicó la revista *New York*—. Ella, más que nadie, ha hecho de nuevo vídeos musicales relevantes para la industria, probando de manera indiscutible que conducen a récords de ventas e ingresos por entradas en los conciertos.» Åkerlund, que había dejado de hacer vídeos musicales, aceptó volver para hacer realidad la idea de Gaga. «Todo esto me recuerda los grandes días de la MTV, cuando cada uno de tus trabajos causaba impresión —dice—. La gente se me acerca y me dice que ha visto mi vídeo. Es algo que no me sucedía desde hace años, pero vuelve a sucederme.»

* Conocida marca de bombones y caramelos. *(N. de la T.)*

11

Famosa en Japón

En Osaka, Japón —donde era completamente desconocida hace dos años—, Lady Gaga actúa en el estadio Kobe World Kinen Hall, lleno a rebosar, que, visto desde el exterior, puede confundirse con una escuela pública de primaria de ladrillo rojo muy grande; está entre edificios de oficinas en una calle tremendamente limpia y mortalmente silenciosa. Los conciertos de rock en Japón empiezan muy temprano, algunas veces a las seis de la tarde, a las ocho como máximo. En ellos no se sirve alcohol y todos acaban a eso de las diez. Cada miembro del público se mantiene dentro de sus treinta centímetros de espacio asignados.

Los asistentes son tan dispares como en Europa: hombres y mujeres de mediana edad, chicos y chicas adolescentes, niños pequeños. En Japón muy pocas personas hablan inglés, pero cuando se apagan las luces y el primer corto de Gaga empieza en la tela blanca y en las dos pantallas del escenario —allí está ella, girando a cámara lenta, en blanco y negro, con la cara oculta y el mantra robótico «Soy una zorra libre, nene», que reverbera en el estadio una y otra vez—, la multitud lo entiende y estalla.

El espectáculo es, en la actualidad, una producción más compacta de lo que era en Manchester, pero Gaga ha eliminado un montón de diálogo, todo eso de «nos hemos perdido en el camino al *Monster Ball*». No obstante, el público le es fiel y, cuando se sienta al piano a tocar su balada a mitad del concierto, un admirador estadounidense le grita «¡Stefani!», y ella se dirige hábilmente al público, hablando tanto con sus expresiones como con sus palabras.

«¿Qué? ¿Qué has dicho?» Abre de par en par los ojos, mira a su alrededor, ligeramente preocupada, con una risa turbada y provocadora.

«¿Qué comes?», le grita el fan. Es una conversación tan rara que casi parece de guión.

«Como sushi», responde ella, inexpresiva. Hace una pausa antes de mencionar el plato nacional: *shabu shabu*. Se sirve de la mímica para dar a entender con las manos cómo come sushi; el público aplaude, se calla, se queda en silencio esperando oír lo que dirá a continuación, aunque apenas puedan entenderlo.

Lady Gaga hace una pausa. Se pone seria. Está hablando de su paseo, unos días antes, por el aeropuerto Narita de Tokio, donde los paparazis la fotografiaron cargada con su maleta Birkin blanca (la más barata vale 6.500 dólares). Había escrito con un rotulador permanente un mensaje para sus admiradores en Pinyin japonés. La traducción libre: «Quiero al monstruito. Amo Tokio.»

Sube la mirada, le tiembla la voz. «He traído mi libro de bolsillo preferido y quiero que todos mis admiradores japoneses lo firmen, para que puedan estar siempre conmigo —dice—. Me gusta mucho la moda, pero no me gusta más que mis fans.» No está siendo irónica; realmente cree que el suyo es un gesto significativo.

Eso mismo opina el público. El culto a la persona es innegable y bastante vergonzoso, en particular porque Lady Gaga, tan lista y astuta e ingeniosa como es, parece que se lo cree. Hacia el final de cada actuación, cuando está fuera del escenario para su último cambio de vestuario, su voz grave pregrabada da este mensaje en apariencia de modestia pero en realidad de autoengrandecimiento. Lo llama «El manifiesto del monstruito»:

Hay cierta heroicidad en el modo en que mis admiradores usan sus cámaras con tanta precisión, tanta complejidad y tanto orgullo. Como los reyes que escriben la historia de su pueblo, es su prolífica naturaleza la que crea y procura lo que posteriormente será considerado el reino. Así que la verdad acerca de los fans de Lady Gaga, mis monstruitos, reside en este sentimiento: ellos son los reyes. Ellas son las reinas. Ellos escriben la historia del reino y yo soy una especie de leal bufón.

El principio y el final de esta idea son completamente contradictorios, pero como dijo cuando se enteró de que Elvis Presley había compuesto una canción llamada *Money Honey* antes que ella: da igual. Sigue con otro pensamiento filosóficamente descuidado:

> Es en la teoría de la percepción que hemos establecido nuestro vínculo o, diría yo, la mentira por la que matamos. No somos nada sin nuestra imagen. Sin nuestra proyección. Sin el holograma espiritual de lo que percibimos que somos o, más bien, que seremos en el futuro.

Es gracioso —y bastante patético— yuxtaponer tal sentimiento a la Lady Gaga que, una semana después, de vuelta en Los Ángeles, acudió al ridículamente exclusivo Soho House, un club tan abarrotado de famosos que Jane Fonda una vez cruzó la sala hacia Madonna durante la comida y le dio por presentarse sin molestarse siquiera en quitarse las gafas de sol.

Este miércoles por la noche en Soho House, Lady Gaga era otra chica más de veinticuatro años que, como le dijo a uno de los que la acompañaban en tal ocasión, «intentaba recomponer su vida», que tomaba vino tinto y hamburguesa y pizza y macarrones con queso, se besaba con su novio, se desahogaba.

Sin embargo, no se había olvidado por completo del deber: «Llevaba un maillot negro transparente —dice una fuente— incrustado de un millón de cristales y pedrería, y todos aquellos brazaletes y un tanga negro con una especie de cadenas y zapatos de plataforma de veinte centímetros. Y el pelo rubio cardado cubierto por un velo.» Y, por supuesto, hizo una escena, sentándose en un sofá con sus acompañantes «morreándose con Matt todo el rato, a horcajadas sobre él... Dios, era una locura —dice la fuente—. Pero tuve que quedarme y aguantarlo. Es la estrella pop más grande del mundo».

En mayo, Gaga actuó en el Instituto Gala de la Moda del Museo Metropolitano de Arte de Nueva York. Presidida por Anna Wintour, la editora jefa de *Vogue*, está considerada la versión de los Oscar del mundo de la moda. Según diversas fuentes, Gaga tuvo un bajón y se negó a salir de su camerino; fue ni más ni menos que Oprah Winfrey, la copresidenta, quien la hizo cambiar de opinión. Los observadores interpretaron su comportamiento como errático e intratable, algo impropio de ella: salió al escenario con más de una hora de retraso.

Aquel mes había sido excepcionalmente agotador: estaba de gira por Europa, pero volvió para actuar en directo en *American Idol*; estaba apática, con la voz débil. Actuó en la gala del Metropolitano. Fue al MoMa con su amigo, el artista Terence Koh. Allí la fotografiaron haciendo cola para sentarse con la artista Marina Abramovic. Luego Gaga se marchó a Europa otra semana y regresó a Nueva York, donde pasó veinticuatro horas para actuar en el Carnegie Hall, en la gala benéfica de Sting para proteger las selvas. Entretanto, componía y grababa su segundo álbum.

Cuando volvió a Nueva York, sin embargo, aprovechó cualquier oportunidad de ser lo más normal posible. Se vestía, pero por lo general no de un modo extremado (a pesar de la graduación del instituto de su hermana, en junio de 2010). «Recuerdo una vez que salimos después de trabajar —dice un colega que nos pide que le mantengamos en el anonimato—. Estaba más apagada, en cierto modo más a nivel de la calle. Fuimos a los viejos bares y locales que solía frecuentar, para ver a la gente de su antigua vida. Seguía llevando siempre tacones, eso sí.» Visitó de nuevo «su antigua vida» después de la gala del Metropolitano, en mayo: a la noche siguiente fue al hotel Royalton del centro de Manhattan, en cuyo vestíbulo con estética de albergue de esquí su amiga Lady Starlight trabaja como DJ de una fiesta de rock'n'roll todos los martes. Llevaba el pelo suelto, carmín, chaqueta y sujetador. Casi nadie la reconoció. Luego fue al St. Jerome's, donde Lüc trabajaba de camarero y salía con su nueva novia, a pesar de lo cual Gaga flirteó con él.

La reacción que provoca en Japón esa noche de abril es excepcionalmente infrecuente: la gente se queda de pie las dos horas enteras, agitando despreocupadamente varas de luz; se balancean y mueven el brazo derecho de arriba abajo al unísono. Eso es algo que casi nunca sucede aquí: normalmente el público se queda sentado educadamente, en silencio e inmóvil.

«Es sorprendente, completamente increíble —dice Tom Daniel, un estadounidense de treinta y cinco años que lleva años viviendo en Japón—. He asistido a un montón de conciertos [aquí], y éste es uno de los más animados. Vi a Madonna hace tres o cuatro años; todo el mundo estuvo sentado durante todo el concierto.» (Madonna detesta actuar en Japón, y es de todos conocido que llama al público japonés «esquimales congelados».)

«Están respondiendo de un modo físico», dice una australiana de veintisiete años llamada Natasha Cordele, que hoy se ha puesto un traje sastre negro y lleva el pelo cubierto de encaje negro, una especie de corona negra inspirada en *Bad Romance*. (Se la ha hecho después de trabajar, en media hora, y se ha gastado unos cincuenta dólares en tela.) Lady Gaga, según ella, es tan «expresiva con los materiales que usa» que lo que significa para los japoneses trasciende el lenguaje.

Es un fenómeno surgido de la lucha más imperiosa de la nación entre individualidad y conformidad, tradición y modernidad, y del poder socioeconómico en aumento de las mujeres. Esto último, especialmente, causa ansiedad existencial, incluso a las jóvenes.

«En la pasada década, la feminización hizo gran

des progresos en todo el mundo —declaraba un editorial del *Japan Times* la misma semana de la actuación de Lady Gaga—. La situación está muy lejos de ser la ideal, pero muchas sociedades aprovechan en la actualidad mucho mejor el talento de la mitad de la población, que resulta que son mujeres. Una de las razones por la que Japón está tan atrasado es que se ha quedado al margen de esta tendencia mundial.»

Así que ya se entiende lo que Lady Gaga representa para las jóvenes japonesas.

«Para nosotras lo es todo —dice una admiradora incondicional de veintinueve años que se hace llamar Junko Monster—. Aparte de Gaga no tenemos nada.» Está fuera del Kobe Kinen Hall, con su mejor amiga, Megumi Monster, que lleva en el bolso una lámina plastificada con fotos de ambas y de Lady Gaga. La lleva a todas partes.

«Nos dijo que somos preciosas», dice Megumi Monster.

«Una siente su música y su arte y su energía —dice Junko Monster—. No puedo explicarlo.»

Dos noches después, en Yokohama, Lady Gaga está más necesitada que antes. Hace su número de Campanilla, tendida en el escenario y hablando de cómo Campanilla dice que morirá si no la aplauden, y exclama como Campanilla: ¡LLORAD POR MÍ!, y parece necesitarlo de veras. «¿Me encontráis sexy?» es otra de sus frases favoritas, e incita al público hasta que obtiene la respuesta que desea.

Lo que está claro es que, a pesar de presentarse deliberadamente como lo opuesto a la prefabricada estrella pop sexy tradicional, como una chica que nunca comercia con su sexualidad para obtener la fama, quiere ser una guapa estrella. Lleva una peluca rubia al estilo de las *starlets* del Hollywood de los años cuarenta, raya de ojos negra y pintalabios rojo intenso. Se ha arreglado para estar guapa, aunque sigue llevando una columna blanca con flecos y un tocado que hace que parezca el Primo Eso.

Junko Monster y Megumi Monster asisten al concierto también. Junko lleva latas de Coca-Cola en el pelo. El otro día, ella y Megumi tomaron el mismo tren bala de Osaka a Yokohama que Lady Gaga, según ellas por absoluta coincidencia. Están que no caben en sí de gozo; son las chicas de las que Gaga habló en el escenario, a las que dirigió unas cuantas palabras en japonés. «Maravilloso» y «joder», dice Junko Monster.

Después del concierto las acompaña un chico de veintidós años llamado Yuki Yoshida. Es alto y lleva su propia versión casera, en negro, del famoso postizo de sesenta centímetros blanco de Lady Gaga y su antifaz. «Lady Gaga me ha liberado —dice, tímidamente—. Lo que hace, lo que se pone, su actuación... tal vez yo pueda ser Lady Gaga. Tal vez pueda crear algo. A lo mejor tengo algo. Estar inspirado es importante.»

Hay una mujer de veintitantos años con gafas de

cigarrillos. Hay grupos de chicas con lazos de pelo, pelucas rubias y body negro, falda fosforescente y medias con carreras. Abarrotan la cercana estación de tren a las dos de la tarde, viajando en grupos, para gran desconcierto de los pasajeros de mediana edad y de las familias jóvenes que está aquí para comprar electrónica en el centro comercial de arriba. La exuberancia con la que los admiradores japoneses digieren, deshacen y recomponen un *look* no tiene rival. «Echaré de menos Japón —dice Lady Gaga en el escenario—. Todo el mundo va muy bien vestido.»

Como ha dicho la propia Gaga, el genio de su espectáculo radica en esta mezcla de radicalismo y memoria, de lo establecido y de lo que no lo está. La mitad del concierto es la experiencia pop más innovadora, retadora y fascinante del mundo, y la otra mitad resulta tremendamente anticuada y cursi. Hay en él niebla y fuegos artificiales y su guitarra-teclado. Sale un guitarrista que parece Sergio, el personaje que Jon Hamm interpretó hace poco en *Saturday Night Live*, un descamisado y engominado musculitos moreno, con vaqueros ajustados y el pelo largo permanentado recogido en la coleta más aceitosa jamás vista, que toca de un modo orgásmico y está convencido de que todos lo desean. Y luego incluye el gigantesco Fame Monster, un tremendo dragón de peluche manejado por tramoyistas, y el árbol y el banco que representan Central Park, y el falso vagón de Metro. Y todo funciona. Es una yuxtaposición genial.

Lo que Gaga dijo de su concierto en 2007, siendo una artista debutante con una gran ambición, se manifiesta en la gira en la que ahora está gastando millones de dólares: «Mi interpretación ha evolucionado. Hago negocios con los zapatos de Jimmy Choo, pero las agallas y el trabajo duro y la laca siguen siendo los mismos. [Es] la versión de alta costura de mi actuación del centro de Nueva York. Es más intensa. Llevo años haciendo esto y refinándolo.»

Está a punto de finalizar su actuación, ejecutada a la perfección, compacta y con más fuerza e incluso visualmente más impresionante que en su debut en Manchester hace ochos meses. Pero siempre hay un margen para la mejora.

«¡Buenas noches, Japón!», grita. Esta vez no es sólo su sujetador lo que explota. También lo hace su entrepierna.

Artículos

1. La creación del mito

CALLAHAN, Maureen, y Sara STEWART, «Who's That Lady?», *New York Post*, 21 de enero de 2010.

Comunicado de prensa de Interscope, *The Fame*, 2008.

Entrevista inédita, 2008.

2. Convirtiéndose en Gaga

CALLAHAN, Maureen, y Sara STEWART, «Who's That Lady?», *New York Post*, 21 de enero de 2010, p. 84.

BARTON, Laura, «I've Felt Famous My Whole Life», *Guardian*, 21 de enero de 2009.

Entrevista inédita, 2008.

3. La reina de la escena musical

CALLAHAN, Maureen, y Sara STEWART, «Who's That Lady?», *New York Post*, 21 de enero de 2010, p. 84.

4. El arte de la apropiación

HATTENSTONE, Simon, «Grace Jones: "Good I'm Scary. I'm Scaring Myself"», *Guardian*, 17 de abril de 2010.

5. Descartada

LOVE, Courtney. «*Courtney Love Does de Math*», Salon.com, 14 de junio de 2000.

VENA, Jocelyn, con un artículo adicional de Sway Calloway, «Akon Calls Lady Gaga His "Franchise Player"», MTV.com, 5 de junio de 2009.

6. Lentejuela a lentejuela

CALLAHAN, Maureen, y Sara STEWART, «Who's That Lady?», *New York Post*, 21 de enero de 2010, p. 85.

KAUFMAN, Gil, «Lady Gaga/Rob Fusari Lawsuit: A Closer Look», MTV.com, 19 de marzo de 2010.

SLOMOWICZ, DJ Ron, «Interview with Lady Gaga»,
About.com, 10 de junio de 2008.

7. «Ahora vivo por ti»

THOMAS, Matt, «Going Gaga», Fabmagazine.com,
24 de diciembre de 2008.

8. *The Fame*

GRAFF, Gary, «Lady Gaga Ready to Go for Headli-
ning Tour», Billboard.com, 3 de marzo de 2009.

9. La anatomía ofendida

STAFF, «Aussie Shock Jocks Grill Gaga on Penis»,
News.ninemsn.au, 4 de septiembre de 2009.

10. Cambio de imagen

CANDY, Jennifer, «Lady Gaga on *Telephone* and Its
Hidden Meaning», Eonline.com, 11 de marzo de
2010.
CORSELLO, Andrew, «The Biggest Little Man in the
World», *GQ*, abril de 2010.

HAMPP, Andrew, y Emily BRYSON YORK, «How Miracle Whip, Plenty of Fish Tapped Lady Gaga's *Telephone*», AdAge.com, 13 de marzo de 2010.

PARNES, Amie, y Kiki RYAN, «Obama, Lady Gaga Vie for Limelight», Plitico.com, 11 de octubre de 2009.

SALE, Jennifer, «Johnny Weir Worships at the Altar of Lady Gaga», Examiner.com, 15 de febrero de 2010.

SPINES, Christine, «Lady Gaga Wants You», *Cosmopolitan*, abril de 2010.

WEINER, Juli, «This Is So On: M.I.A. vs. Lady Gaga», VanityFair.com, 7 de abril de 2010.

LIBROS

HERBERT, Emily, *Lady Gaga: Queen of Pop*, John Blake Publishing Ltd., Londres, 2010.

PHOENIX, Helia, *Lady Gaga:* Just Dance *The Biography*, Orion Books, Londres, 2010.

Índice onomástico

Índice